智元微库
OPEN MIND

成 长 也 是 一 种 美 好

Precise response

精准回应

让孩子养成自主自律的好习惯

杨杰 著

人民邮电出版社

北京

图书在版编目（ＣＩＰ）数据

精准回应：让孩子养成自主自律的好习惯 / 杨杰著
. -- 北京：人民邮电出版社，2021.5
ISBN 978-7-115-56301-9

Ⅰ．①精… Ⅱ．①杨… Ⅲ．①儿童教育－家庭教育
Ⅳ．①G782

中国版本图书馆CIP数据核字(2021)第058640号

◆ 著　　杨　杰
责任编辑　陈素然
责任印制　周昇亮

◆ 人民邮电出版社出版发行　　　北京市丰台区成寿寺路 11 号
邮编 100164　电子邮件 315@ptpress.com.cn
网址 https://www.ptpress.com.cn
天津千鹤文化传播有限公司印刷

◆ 开本：720×960　1/16
印张：16.75　　　　　　　　　2021 年 5 月第 1 版
字数：170 千字　　　　　　　 2025 年 8 月天津第 32 次印刷

定　价：59.80 元

读者服务热线：（010）67630125　印装质量热线：（010）81055316
反盗版热线：（010）81055315

✦ 教育贵在精准

杨杰年纪比我小，但我们已是交往多年的老朋友了。对家庭教育工作的共同热爱和不断探索，让我们一直彼此欣赏，互相激励。

她从北京师范大学毕业时，就已明确自己要从事家庭教育方面的研究及咨询工作。我曾经在心里暗暗为她捏了一把汗：她能胜任这样一份工作吗？

当然，她后来的工作表现很好地回答了我的疑问，她不但能胜任这份工作，而且游刃有余。每每读到她在工作中形成的细腻文字，我都会不由自主地赞叹。她总能从我们习以为常的生活小事中挖掘出隐藏在背后的深层教育逻辑，并以此为基础进行温暖、细腻的分析，给出恰到好处的对策。在她与家长的互动中，一切都显得那样轻车熟路。她对教育尺度的拿捏，简直到了让人惊叹的地步。如果一定要找一个词来形容杨杰工作的出色，"精准"这个词应该是最合适的。

在本书中，杨杰也特别强调了教育的准确性。在我看来，这才是真正的专业水准。这就仿佛打乒乓球，大部分人都可以拿起拍子打几下，但那都是业余的消遣，只有个别人能成为世界冠军，因为他们能精准地处理好每一拍球。在对教育问题的处理上，杨杰常常也可以达到这样的境界。

读者们一定会好奇，她的"精准"来自哪里呢？我想，大家会不约而同地想到天赋和悟性。所谓天赋，归根结底是一种喜欢。凡事只要喜欢，你就是做这件事的天才。杨杰是我见到的真正对教育充满热爱、执着和坚持的人。我甚至认为她是为教育而生的。

谈理论并不是一件很难的事，几乎谁都可以把道理讲得头头是道，最难的是把这些理论融入行动。现在市场上有很多教育类的书籍，可以说，正是"实践"这个硬标准，检验了谁只能"谈教育"，谁才真正可以"做教育"。

杨杰"做教育"的能力既表现在她的工作中，也体现在她写下的这些文字中——那些让家长晕头转向的问题，她居然可以一目了然；很多难以解决的问题，在她的手中可以一步步解开！我想，这种天然而精准的直觉是她今生最大的财富。她像一座桥梁，用自己的工作联通了家长与孩子的心。她给我们最大的启示，就是要唤醒童年的记忆，用孩子的心理解孩子。

她的确有做这份工作的天赋，但她之所以能取得今天的成就，更是因为她个人的努力。有一个理论叫作"一万小时天才理论"，大致的意思是，任何人要想成为某一领域的"天才"，都需要一万小时的精深练习。所谓"精深练习"，是指目标清晰、方法适宜的专门练习。如果用这一理论来衡量，杨杰用在家庭教育方面的阅读、思考和实践的时间，远超一万小时。特别是教育咨询工作，这是提升教育精准程度的绝佳途径。当然，我们未必要严格依据"一万小时"这个具体的数字。我想，这个理论真正要告诉我们的是，所有的成就都自有它的原因，每一种才华和能力的背后，都隐藏着踏实的努力和不懈的坚持。

在这本书里，杨杰通过非常具体的事例，为我们展示了教育孩子应有的思路和状态。

大家可以从中找到很多教育"妙招"，相信这些妙招可以给家长们带来很多启发。但我想，"支招"并不是她写书的初衷。书中呈现的"技巧"，说到底是教育精准度的具体表现。这背后，是她通过不断思考和学习所形成的深厚的理论功底，以及一颗爱孩子的心。这是她真正能把这项工作做好、做深的关键，同时也是她在书中最迫切地想要传达的东西。

　　这几年，杨杰以工作坊的形式开展和实践新型家庭教育模式，也影响了不少家长，相信她的书会影响更多的家长。一个在教育之路上有心、有力、不断坚持的人，注定会走得更远！

尹建莉

✦ 精准回应，
从教育的最小颗粒开始

1

在我读大学的时候，我的爷爷离开了这个世界。

让我始料未及的是，本该正常的告别，却让我经历了漫长而又撕心裂肺的疼痛。之后，我终于接受了这最简单的现实：从此，我是一个没有爷爷的孩子了。

确切地说，我当时已经成年，但我总觉得，在爷爷面前，我永远是个小孩，被疼爱，被呵护，没心没肺，怡然自在。

在此后的很多年里，有一个和爷爷相处时的小细节，一遍遍地在我的脑海中回放：任何时候只要我喊一声"爷爷"，他必然会拖着长腔答一声"哎"。一切慈爱、耐心、欢喜，都隐藏在这一声应答之中，从来没落空过。他走了，也带走了专属于我的回应。

在别人眼里，爷爷为人老实，性格懦弱，偶尔还有点暴躁，但在我心中，他却是一个完美的养育者。他心思单纯，也没打算在教育上有什么作为，所以，他不溺爱，不说教，也不控制，只给予我单纯的陪伴、本能的疼爱和时时刻刻的回应。

心理学上有一句话：无回应之地即绝境。

而爷爷给了我 100 分的回应，他给我的回应是那么纯粹、饱满，甚至可以用"顶级"和"奢侈"来形容。随着年岁渐长，我愈发庆幸：当初那个鬼马精灵的小女孩，是多么有福气。爷爷似乎什么也没做，但他却给了我全世界：一个欢迎我、肯定我、热情地向我敞开双臂的世界。

2

一个被充分回应过的孩子，天然地知道该怎么回应他人。

小时候，我是家族里的"孩子王"，常常带着十几个孩子一起玩耍。我发现，"如何回应小孩"这道大人都常常无法解答的问题，我却自然而然地知道答案。不必深思熟虑，不用绞尽脑汁，我就是能找到那种感觉。那些灵动、有趣的办法，仿佛泉水一般，从我的心中流淌出来。

所以，在我十几岁时，家里人就常常惊叹：你看，一个那么不听话的小孩，听了她的三五句话，就变得服服帖帖了。

当然，我并没有故意掌控这些孩子，真正的秘诀是回应。

通常，大人和孩子之间，因为年龄、心态、关注点等方面的差异，很容易出现隔膜，变得疏离。然而，我和爷爷在一起时，从来没有这种感觉。因为在乎，他仅凭本能，就能看到我的喜怒哀乐。一个老朋友、一个小朋友，在不经意间，达成了同频共振。当然，除了爷爷，其他长辈对我也不错，给了我足够的呵护与疼爱。

后来，学习了心理学之后我才明白，这就是"看见"。我周围的人，能看见我的感觉，呼应我的感觉。于是，我对自己的感觉也有了清晰的觉察，不会被混沌和懵懂所笼罩。推己及人，我也能更清楚地看见别的孩子的感觉。对一个满地打滚的孩子，我能看见他的渴望；对一个脾气倔强的孩子，我能看见他的脆弱；对一个漫不经心的孩子，我能看见他的在乎。我不喜欢用好、坏、对、错简单地评判孩子，我会用感觉理解感觉，这是专属于心灵的快捷通道。

我惊奇地发现，当我从感觉层面回应孩子时，我总能看到神奇的效果。比如，我三岁的小侄女因打不开门而哇哇大哭，嫂子急切地安抚她，对她说"不要哭，哭得都不漂亮了，要好好说话"。但不管说什么，都无济于事，现场一片忙乱。我走过去，看着小侄女的眼睛，稳稳地问："你需要帮忙吗？"小侄女立刻止住哭声，抽抽噎噎地连连点头："需要！"我接着说："我来教你一个好办法吧。"小侄女瞬间平静下来，睁大眼睛看我如何转动门把手。我为什么只用一句话就让小侄女恢复了平静呢？很简单，小侄女因遇到困难而哭泣，那么，回应的重点应该是她的困难，而不是盲目止住她的哭声。我们是看见了感觉，还是仅仅看见了表面的行为？回应的落点不同，结果自然大相径庭。

这种所谓的"三五句话让孩子服服帖帖"的故事，在我的世界里频繁发生。然而，我觉得这种描述只说明了表象，身处其中，我分明看到了更多：在那两三秒，一切电光石火，甚至都来不及用语言形容，但有很多丰富的感觉在涌动、交织。当那一句平常又朴素的话准确触碰到小侄女内心的痛点时，她的烦躁和无助连同她狂暴的情绪，都如潮水般退去，一切突然风平浪静。从表情和眼神就可以看出，她的内心松弛了下来，头脑中再次有了思考和感受的空间。她安稳了，有力量了，她的注意力可以聚焦于问题的解决，那个理智的小孩瞬间回归。如果你目睹了这神奇的转换，会感觉超级震撼。

被深深震撼只是我自己的感觉，别人未必如此，但这种震撼每一次都会给我巨大的力量。我想更进一步去探究，为什么不同的回应，会产生如此迥然不同的效果？于是，从十几岁开始，我醉心于这种回应练习，不断寻找更精准的回应方式。

于是，和孩子打交道的每件小事，我都会重新复盘，反复琢磨：我是否看到了事情的原貌？孩子为什么要这样做？他的感觉是怎样的？当时的处理方法是否妥当？能否再想出三种不同的回应方法？哪种更好，好在哪里？回应时用怎样的眼神和语气，孩子会觉得更舒服……

我的心中仿佛有一个小剧场，我会在小剧场中反复排练每件小事，直到自己再也想不出改进方法。这是一个走向"精准"的过程，我非常享受这个过程，无论想多久，一旦灵光乍现，想出一个好办法，我就会高兴得无以复加。

这些办法并非单纯的技巧，它们让我在贴合孩子感觉的路上，又准确了一点点。当我用这些方法再次回应孩子时，又会得到更加震撼的反馈。哇，原来教育如此有趣，原来孩子有如此巨大的改变空间！这种循环往复的练习及其带来的震撼，最终让我找到了职业方向：等我长大了，我要去帮助家长。

3

那时候，我都不知道是否有这样的职业，只是有一种强烈的渴望，想把我知道的、看到的、领悟到的内容，分享给那些迷茫的爸爸妈妈。

后来我去了北京师范大学读书，选择从事教育咨询行业，直面教育中最棘手的难题。这是一条最难的路，但也是最"接地气"的路。我一直认为，说一些漂亮的教育理论并不困难，只要你多读几本书、多思考一下就能做到，但解决实际问题则需要扎实的基本功，需要强大的现实能力，不能任性而为。许多父母读育儿书时，常常走入这样一个困境：一看就懂，一实施就不会。这是家庭教育最大的痛点，而我想啃下这块硬骨头。

所以，在过去的13年里，我一直身处教育的一线，和家长携手，解决那些让人焦头烂额的教育难题。要想解决这些难题，肯定先要了解每个家庭的亲子相处方式。我必须说句真话：我发现绝大部分家长对孩子的回应，都让人大跌眼镜，几乎每个细节都经不起推敲。相当一部分家长都是随着自己的思维惯性，甚至是思维惰性，无意识地看向孩子，他们看不见孩子的感觉，也掌控不了自己的情绪；常常唠叨、责备孩子，和孩子讲道理，孩子一旦反抗，他们就以发脾气收场。我做的事情是什么呢？其实我只教家长一件事：如何精准回应。

教育中最棘手的那些问题，比如磨蹭拖拉、不主动不自觉、情绪急躁甚至不肯去上学等，从宏观上看几乎无解；但是，如果从微观上入手，打磨好每一次回应，把我们的理解、尊重、鼓励乃至要求和拒绝，用温柔、准确、充满人情味的方式传递给孩子，你就会惊奇地发现，孩子心中那块坚冰，仿佛被置于阳春三月的和煦暖风中，竟渐渐地融化了。

每当这个时刻，家长都会像发现新大陆一样：呀，原来我的孩子并非无药可救，他真的能变好！只有经历过深深绝望的人，才明白这声感叹背后的苦辣酸甜，才知道这份欣喜是多么来之不易。

这是我最幸福的时刻，我希望天下不再有愁眉不展的父母，我希望所有的孩子都快乐、自在、欢喜。

这本书里的内容结合了我的咨询工作中的部分案例。关于精准回应，我想，读者们在阅读这本书的过程中，一定会有更多的共鸣与收获。让我们从教育的最小颗粒入手，用润物无声的方式帮助我们和孩子变得更好，这是对彼此最温柔的成全。①

---

① 想了解更多关于养育孩子、回应孩子的方法的读者，可以关注作者的公众号：杨杰的妈妈圈。——编者注

目录 | CONTENTS

| 上篇

好妈妈情绪管理有办法

| 中篇

好妈妈亲子沟通有办法

第三章　这样沟通更有效

第四章　突发事件的解决路径

| 下篇

好妈妈陪写作业有办法

第五章　培养孩子的自主学习能力

好妈妈情绪管理有办法

⌣
happy

⌢
sad

angry

第一章

好妈妈
自我管理有办法

✦ 第一节

脾气暴躁，一生气就头痛加重，
怎么办

——

觉察念头，梳理念头；把发脾气变成一种沟通

　　我发现自己在咨询过程中有一多半的精力都用于处理亲子双方的情绪。我常常在心里感慨：如果剥离情绪问题，就事论事地解决家庭教育问题，亲子沟通其实非常简单。

　　许多父母都说，在孩子面前，控制情绪太难了，尤其在孩子犯错的时候。而且，自己忙得团团转，哪还有心情与孩子有耐心地互动？我也曾经脾气急躁，非常理解家长们的这种心情。在这里，我结合咨询经验和自己的体验，谈谈情绪管理。

有很长一段时间，我一直被头痛困扰，当时特别怕生气，一旦生气，头痛立刻加重。因此，遇到生气的事情我必须克制自己。为了不去想那些令人生气的事情，我常常像念经一样，在心中默默地念叨：我不生气，不生气，坚决不生气……这样做是为了阻止自己发火，想等情绪稍微平复一些，再回头思考。都说江山易改，本性难移，可是这样坚持几年以后，我忽然发现自己变成了性格温和的人。

从我个人的体会来看，克制自我的滋味并不好受，但要改变爱发脾气的习惯，自我克制绝对是必经阶段。

当然，仅仅克制还不够，保持克制，只是为了安然度过情绪爆发的危险期。等情绪平静下来，则要回头处理自己的情绪。我发现，许多家长克制了情绪后，便不再对情绪展开工作。这不是处理情绪，而是压抑情绪，数次积累之后，情绪的火药桶便会彻底爆发一次。其实不管是对自己还是对他人，这样做危害都更大。一件事情让我们感到生气，一定是有缘由的，我们不妨重新回到这件事情本身，了解自己的困境和需求。我们可以换个视角抚慰自己的心情，同时，看看能否找出更温和的处理方法来替代发脾气。先处理情绪，再处理问题。只有这两个步骤都完成了，才算真的把这件事情处理完，也只有这样，才不会积累负面情绪。

有时候，我也会充分发扬阿Q精神。遇到特别生气的事情时，我会问自己两个问题：这件事情，3年之后你还能想起来吗？那时候你还会生气吗？如果答案是肯定的，我一定会在当下把事情处理完。如果答案都是否定的，我就对自己说：既然3年后都不记得了，今天何必生气呢？通常3年后还让人纠结的事情，不会超过1%。许多家长对孩子发完脾气后，往往不到3个小时，就会感到特别后悔。因此在对孩子发脾气之前，也不妨问自己这两个问题，如果你很快就会后悔，那又何必发脾气呢？这样想想，气往往就消了一半。

遇到控制不住情绪的情况，我通常会建议父母主动将自己与孩子隔离几分钟。这一小段时间是情绪爆发的危险期，如果选择让自己安静地待一会儿，发脾气的概率会大大降低。同时，在这段安静的时间内，父母还有一个非常重要的任务：理清思路！不管我们怎样生气，事已至此，我们必须想出对策，想好接下来怎么办。比如，有几种处理方法？各有什么利弊？孩子接下来可能会有怎样的回应？我们该怎样对待？之所以对孩子发脾气，往往是因为我们无力处理当下的局面。如果能找到好的策略，谁愿意发脾气呢？因此，我们的任务不是单纯地压抑情绪，而是想出好的解决方法。并且，我们不妨用书写的方式记录这个思考的过程，最近几年我也一直在用这个方法。我发现一个人对事物的看法在思考时千头万绪，写下来则会变得很清晰，也更容易取舍。后来，在一个访谈节目中，我看到一位企业家也用这种办法。他说遇到让人火冒三丈的事情时他会坐在办公室里，把自己对这件事情的想法一股脑儿地写下来，写完了就发现情绪平静了，解决办法也出来了。

就算没有突发事件，我们每天也会不经意地积累很多负面情绪，因此处理情绪的工作需要天天进行。这并不是勉为其难的"作业"，而是很好地疼惜自己的方式。

几年前，我在一本心理学书籍上看到这样的话：人的信念非常重要，有的时候，一个非常细小的念头，也会对我们有很大的影响。我就在想，怎样避免小念头制造大麻烦的情况发生呢？于是我开始每天晚上回头梳理一天的感受，如果有不舒服的感觉，马上去寻找源头。因为是当天发生的事情，所以一般都能找到根源。这是一个很好玩的过程。梳理之后你会发现，许多时候，心里的不痛快往往是由别人不经意的一句话，或自己一个很琐碎的，甚至"没经过大脑"的念头引起的。我在咨询过程中也常常遇到类似的情况，比如有的家长在闲聊时，听说别人家的孩子如何如何优秀，一想到自己的孩子就有点失落。回家看到孩子总觉得心里不顺畅，如果恰好有个导火索，负面情绪就会爆发。其实事情本身未必那么可气，只是之前的负面认知搭了便车。这许许多多的琐碎想法给我们带来层层叠叠的烦恼，如果不及时追踪，父母们只能被痛苦所困扰，却不知道自己到底因为什么而痛苦。渐渐地，我把每晚的梳理工作变为随时的追踪和记录。我的书桌上总有一个小本子用来记录自己的负面念头，随时思考并记录感悟。这是一个高效处理情绪的方法，而且这大大减轻了大脑的负担，可以让我空出更多的"内存"来做更有意义的事情。现在，我非常喜欢我的状态。这种处理情绪的方法最开始实施起来比较慢，而且因为要重新面对不愉快的事情，难免会有情绪反应。但渐渐地，我处理情绪的速度不断加快，有时候处理一个念头只需要半分钟。

还有些时候，虽然生活中没发生任何不愉快的事情，但我们内心却产生了真实的负面情绪。这往往与我们的童年成长有关，我也是最近才深刻体会到这一点。

有一件小事启发了我。每次我看见许多书胡乱地堆在书桌上，就会对自己说，应该把书整理一下！紧接着我感觉内心有一丝细微的抗拒力量：我不想做！于是整理书桌成了悬在我心头的一个任务。每当看到那一堆书，心里的两个声音都会一起登场："应该整理一下！""我不想做！"通常否定的力量会占上风，这件小事会一拖再拖，每次看见那堆书，我心里都会不舒服。直到自己忍无可忍，抽空把书整理了一下。结果只用了一分钟，书桌就变得非常清爽。我心里想：就这么简单的事情，为什么会拖了好几天，等到让自己的内心陷入困扰才做呢？然而下一次，我又陷入了这个怪圈。许多小事都是如此，比如应该去趟超市，或者应该给某人打个电话……却又纠结要不要马上做。经过深入分析，我发现自己的内心有一个思考的模式。还是以整理书为例，在"应该把书整理一下"后面，还跟着一句话："看看你，总是乱扔东西，不知道随时整理。"接下来，我的心中才升起对抗的念头："我不想做！"此前，我一直忽略了自我责备的念头，不知道自己到底在抗拒什么。觉察到自我责备，我立刻明白了：小时候，妈妈就是这样责备我的，她总是数落我没有物归原处的习惯。我不由惊呼："内在父母"的力量实在太强大了！我完整地复制了父母责备我的方式，每天非常"敬业"地用这个程序谴责自己。这么多年，我的内心成了两股念头的战场，如果不是学心理学，也许我终生都会被这些琐碎的念头侵扰。

这个细微的发现让我感到非常吃惊。许多人的情绪容易习惯性低落、烦躁，自己却找不到源头，也不知道该怎样处理。其实，我们都带着童年的影子生活，在成长的过程中，难免会积累各种暗伤。我们可以为自己停下来，看看究竟是怎样的念头在阻碍自己。

自从发现了自我责备的倾向后，我开始非常注意心中的念头，一旦有轻微的不舒服的感觉，我马上回头去想，并且立刻把自我责备改为自我期待。比如，再看到杂乱的书桌时，我会对自己说：请整理一下，我喜欢清爽的感觉！经过一段时间，我发现，从小到大一直伴随我的不舒服的感觉消失了。

我们的成长历程并不完美，但我们都要努力学习为情绪负责的方法，让情绪不转移，不蔓延。如果我们不成熟，不善于处理自己的情绪，那么，孩子就会成为我们频繁宣泄负面情绪的地方。

随意发脾气就像乱扔垃圾一样，是不好的行为。不要把家变成负面情绪的垃圾桶，也不要把孩子变成替罪羊。其实情绪并不是坏东西，负面情绪中往往隐藏着我们的需要和诉求，如果认真对待这些情绪，我们会更了解自己，也会更懂得满足自己。

我发现，很多家长发脾气都是"即兴"的。比如发现孩子没做作业，就立刻火冒三丈并狠狠地批评孩子，其间难免口不择言，而且还常翻旧账。训斥完孩子往往丢下一句："作业是你的，我再也不管你了，你看着办吧！"这最后一句话显然是气话，如果真坚持这个原则，就没必要发这么大的火了。家长这些话也只是发泄了自己的负面情绪，并没有解决实际问题。

我不主张一味地压抑情绪，那样做仿佛把霉变的垃圾藏在了地毯下面，我们虽然看不见，却会一直被难闻的气味困扰。

我总是对家长说，当发脾气在所难免时，请把发脾气变成一种沟通！如何做到这点呢？简单地说就是定好目标，划定界限。不要"即兴"地发脾气，而要确定一个理智的目标，并且要坚持就事论事的原则，"干净地争吵"，绝对不翻旧账、不攻击孩子。这样做可以把发脾气的危害降到最低。

为此，我曾经和一位妈妈总结发脾气的流程。当我们用遍了所有的温和方法依然无效，最后决定发脾气时，不妨坚守三个清晰的表达方式："我看到……""我感到……""我希望……"要特别注意的是，三句话都要以"我"开头。如果用"你"字开头，特别容易变成指责孩子，那样的话就不再是"干净地争吵"。以没做作业为例，我们不妨这样向孩子表达："上午有充足的时间，我们约定好中午以前完成作业，我也很信任你，可是我发现你一直在玩游戏、看电视，作业一点儿都没做，我很生气，也很失望。我希望你在晚上六点之前完成作业。如果你一直这样，下周我会考虑加强监督。"

表面上，这个方法显得对问题过于轻描淡写，只说了几句话而已。其实，在教育孩子的过程中，"点到为止"非常重要。教育的力量需要累加才能体现，一次这样做未必能看到效果，但坚持这样做，就会看到令人惊喜的改变。有些家长总觉得孩子当时俯首认错才算教育到位，其实，有时候孩子虽然没说什么，但行动上已经认错了。如果非要逼着孩子小心翼翼、诚惶诚恐，累加起来就是过度教育，这会积累怨恨，影响亲子互动的效果。

表面上，父母管理好情绪似乎是为了孩子，但其实，最终成全的是父母自己。当学会与自己的情绪共处后，我们就会发现，人生的喜悦和幸福，原来触手可及。

经常莫名其妙地得罪人，
自己却不知道为什么

—

学会尊重，学会爱；变反问句为陈述句

　　有一位妈妈曾经在网上给我留言，那严厉的措辞仿佛是对家人的投诉。她说老公脾气暴躁，与孩子关系紧张，夫妻的教育理念很难达成一致，孩子的问题也非常多。有一次，孩子交了白卷，老师找这位妈妈深谈了一次，她进一步了解了孩子在学校的情况，这才意识到问题的严重性。

　　咨询开始后，我首先了解了详细的情况，对照她的网上留言，我惊奇地发现：这位妈妈的描述和我看到的事实竟然南辕北辙。当然，她并不是故意隐瞒，她当时真诚地认为问题都出在老公和孩子身上。从具体事实出发，我却发现所有问题都与妈妈有关。在咨询的过程中，通过对生活小事的分析，妈妈渐渐地意识到她并非局外人，而是会参与一切问题。同时她也认识到"解铃还须系铃人"，问题的解决也需要妈妈发挥作用。

有一天，这位妈妈在日志中描述了一件小事。

晚饭很快做好了，他爸很怕热，吹着电扇，一边吃一边淌汗。我让他洗洗再吃，他不理我，我也没再说话。孩子却帮着我对他吼，让他爸快点儿去洗脸。我在一边听着，感觉很好笑，但还是故作平静地对孩子说："吃饭，不理他！"

对于爸爸没有理会妈妈的建议这件事，我首先让妈妈形容一下对爸爸说话的语气，妈妈说："现在想起来，我觉得我的表现不是很好。我觉得汗流浃背的样子很脏，就用平常的语气对孩子他爸说'去洗洗吧，怎么流那么多汗？又没让你干什么活儿'。"我继续问："孩子的爸爸没理你，你觉得和语气有关系吗？"妈妈说："他经常表现出这样的态度，仔细想想应该有关系。"妈妈的性格比较直爽，她在平常的沟通中都会带着责备的语气，而她浑然不觉。这个倾向在后面的咨询中反复出现，比如她还说过："家里不是有饮料吗，你怎么又买一瓶？"为此我专门和她讨论了一次，并建议她用陈述句表达自己的观点，不要总是用反问句。其实，她的话如果转换为"家里有饮料呢，不用再买了"，便不再有责备的意味。我猜测，妈妈的话让爸爸感到不舒服，但还不至于发生争吵，所以爸爸就用沉默应对。妈妈说，她在工作中常常会莫名其妙地得罪人，自己也不知道为什么，现在想想应该就是语气的原因。

我半开玩笑地问妈妈："孩子吼爸爸，你心里觉得好笑，是觉得儿子帮你'报仇'了？"妈妈说她有一点儿这样的想法，不过她也不赞成孩子吼爸爸。我继续问妈妈："爸爸不洗脸，孩子吼爸爸，你觉得谁的错多一点儿呢？"妈妈很干脆地说："爸爸。"妈妈不假思索地给出这样的答案，让我有点儿吃惊。我追问理由，她说："如果他爸洗脸，不就没有后面的矛盾了吗？"我说了自己的看法："你让爸爸去洗脸，但语气不是很好。爸爸没有去也没有理你，你心里可能会觉得不舒服，觉得他不听劝。"妈妈接着说："是的，我当时就觉得自己说的是对的。"我继续说："从爸爸的角度看，他出汗了，他觉得吹一会儿风扇就可以了。他会对自己的感觉负责任，洗脸与否，决定权在他手里。我们可以提建议，但没必要强迫他。如果你要求他必须洗脸，那么洗脸这个行为，就不再是为了他自己，而是为了你和孩子，为了让你们看着更舒服一点儿。如此说来，爸爸没有听你的话并不算过错。后来孩子参与进来直接吼爸爸，你觉得妥当吗？"妈妈说："看来是我把自己的意志强加于人了，光想着爸爸不听我的，反倒忽略了孩子的过错。"

　　在这件生活琐事中，孩子可以参与并发表意见，但没有权力对爸爸颐指气使。对于孩子的行为，妈妈故作平静地说"吃饭，不理他"，本意是阻止孩子，但给人的感觉是母子立场相同，都觉得爸爸不识好歹。妈妈说"不理他"专指眼下这件事，但孩子有可能将其扩展为任何时候都可以不理爸爸，因为爸爸是个讨厌的人。如此说来，妈妈的做法与她的初衷背道而驰，反倒鼓励了孩子与爸爸敌对，从而加深父子间的裂痕。

　　我问妈妈："如果再遇到同样的事情，孩子吼爸爸时，你会怎样处理呢？"妈妈说："这么看来，孩子和他爸关系不好，我也有责任。我会告诉孩子，每个人都需要尊重。你尊重了别人，别人才会尊重你。"

不夸张地说，这句话我已经听过上百遍了。"尊重"这两个字，说到容易做到难。如果默许孩子对爸爸大吼大叫，回头再对他讲一番大道理，那么"尊重"便成了一个口号。每个家庭都有许多口号，那些口号都正确无比，却只是说说而已。有一次与家人聊天，恰好聊到这个话题，我说了自己的看法：一个道理，我们能说出来，最多证明我们只懂了5%，另外的95%，则要看能否将道理融入自己的行为。这恰好是对王阳明的"知行合一"通俗的理解——做到了，没必要说；做不到，说了也白说。所以我非常敬佩那些说到做到的人。

那么，我们该如何把"尊重"这两个字体现在行为中呢？在当时的具体情境中，因为爸爸没有去洗脸，所以孩子吼了爸爸。妈妈怎样做才能既体现对爸爸的尊重，又体现对孩子的尊重呢？

我建议妈妈先倾听内容，再关注语气。如果是我，我会对孩子说："你希望爸爸去洗脸，对不对呀？"孩子的回答应该是肯定的。妈妈这时插话说："然后，我就对他爸说，家庭表决，二比一，你应该去洗脸！"我没有评价妈妈的方法，继续说我心中孩子的思路："我也希望爸爸去洗脸，这样爸爸自己舒服，我们看着也舒服。不过，脸是爸爸的，是否洗要由爸爸自己决定。你也是好心，但是吼爸爸就不对了，这样爸爸心情不好，更不想去洗了，咱们要尊重爸爸！"

这段话的目的是首先让孩子明白，我们是在建议爸爸洗脸，而不是在命令爸爸洗脸，不管爸爸怎样选择，我们都要尊重他。同时，肯定了孩子的出发点，也委婉指出了孩子不妥的地方，让孩子学会换位思考。

如果孩子很想说服爸爸，除了吼爸爸以外，还有没有更温情的办法呢？我们可以引导孩子去思考，如果孩子想不出，妈妈也可以提供建议。比如，让孩子学会亲昵地请求："好爸爸，你去洗洗吧，那样多不舒服呀！"或者建议孩子直接行动，拿一块湿毛巾送给爸爸擦脸，这样既体贴又温馨，通过这件小事，父子关系反而会升温。如果爸爸去洗脸了，妈妈还可以开玩笑地肯定爸爸一句："瞧，这个老爸又讲卫生又听儿子的话！"如果爸爸依然无动于衷，不妨对孩子说："你的话爸爸听到了，但他现在不想去，那等他想洗的时候再洗吧。"

这位妈妈感叹："在此之前我从来没有意识到，在与人相处的过程中，我这么容易把自己的意志强加于人，而且说话总是直来直去，不注意自己的语气。现在终于明白了，会说话的人，让人笑；不会说话的人，让人跳。"

在家庭教育中，孩子身上呈现的问题往往都是父母深度参与的结果。与指责相比，我们可以选择更负责任的态度，从我做起，反躬自省并努力改变。这样做虽然不容易，但更有价值。

想给孩子挫折教育，
却导致亲子关系紧张

走出误区，真正的挫折教育是给予足够的爱、理解与鼓励

在咨询的过程中，有位家长说了这样一句话："我对孩子说，你总这样不听话，将来到了学校和社会，谁会哄着你、顺着你呢？我是怕我总顺着他，他没受过一点儿挫折，将来很难适应社会。"

在我们就这个话题进行了深入探讨后，我发现这位家长的想法颇具代表性：认为给孩子增加困难和障碍，逆着孩子的意愿做事，不夸奖孩子，是在进行挫折教育。

如果按照这样的标准，我们努力地理解孩子的意图，满足孩子合理的愿

望，肯定孩子的进步，反倒有违"挫折教育"的原则。

我在网上搜索了相关的内容，大部分文章都把"挫折教育"理解成让孩子受更多的挫折，使之受到教育。很多文章还耸人听闻地提及，某个孩子因为很小的事情焦虑不已甚至出现极端行为，就是因为接受的"挫折教育"不够。

有心理学家说，挫折是一种负性的情绪体验，在人们无法达到预期目标时发生。通俗地说，就是我们在前进中遇到的失败和不顺利所引起的感觉。

很多人以为，只有失去至亲、父母离异、家庭遭遇重大变故、流离失所才算挫折。按照这个标准，今天的孩子太幸福了，根本不知挫折为何物。其实，这种理解过于狭隘。事实上，孩子每天都有"无法达到预期目标"的体验，比如考试不如意、遭到批评和嘲笑、和同学闹矛盾、不小心丢了东西等，都算挫折。从这个定义中便可看出，挫折无处不在。其实孩子们从来不缺少挫折。比如，甲、乙两个孩子玩游戏，甲请求："把铲车给我玩一会儿好吗？"乙回答："不。"那么，甲的愿望没有达成，算是遭遇了一个小小的挫折。如果仔细观察，就会发现面对这种情况时，孩子的反应各不相同。有的孩子会继续请求，或者想别的办法，总之要把铲车拿到手；有的孩子则困窘得很，不知如何是好；有的孩子甚至"哇哇"大哭，或者请求大人支援……而所谓的挫折教育，就是让孩子在自然而然遇到的挫折中获得教益，而不是累计挫败。

因此，挫折教育的重点并不是人为地增加挫折的分量，而是教会孩子积极地面对挫折、化解挫折。

有一次，朋友家的孩子麦粒儿和我的小侄子鹏鹏去公园玩沙子，麦粒儿向鹏鹏借铲车，遭到了鹏鹏的拒绝。麦粒儿非常困窘，来向我求援。我温和地问麦粒儿："你想要那个铲车，对不对呀？"她点头。我继续试探："你去和鹏鹏哥哥说，好吗？"麦粒儿摇头。以我对麦粒儿的了解，这时别人再怎么逼迫她，她也不会去。于是，我对她说："我带你去好吗？"她点头。我牵着她的小手来到鹏鹏身边，蹲下来对麦粒儿说："你和鹏鹏说吧！"麦粒儿的语气还有点虚弱，但勇敢多了，终于开口问："鹏鹏哥哥，把铲车借给我好吗？"这次鹏鹏给她了。我顺势应了一句："你看，再和鹏鹏哥哥说一遍，他就给你了。"

我们来假设一下，假设麦粒儿来向我求援，我给她这样的"挫折教育"："你这么大了，连这么点儿事都处理不了，还来找大人，羞不羞啊？现在我管你，以后谁保护你啊，自己想办法！"我想，这样只会使麦粒儿更困窘，下次遭到拒绝时更不知所措。

其实，我并没有直接帮助麦粒儿解决问题，只是认真听了她的困难，然后带她到鹏鹏身边，鼓励她自己去和鹏鹏说。说到底，我只是为麦粒儿提供了一种新的面对挫折的方式：再说一遍，结果就会不一样。当然，如果麦粒儿不肯说，我会有限度地介入并做出示范。

美国职业培训师保罗·斯托兹提出了"逆商"（Adversity Quotient，AQ）的概念，从四个方面考察人的逆商：控制、归因、延伸、忍耐。简单地说，逆商高的人，会觉得自己对局面有掌控能力；遇到挫折会主动承担责任，并相信自己可以设法化解挫折；会将挫折的后果控制在一定范围内，不让它无限蔓延；懂得在逆境中坚持。

不同的人面对挫折的方式也不一样。积极的方式包括继续坚持或寻找其他策略，消极的方式则表现为攻击或退缩。前文中的麦粒儿虽然表现出退缩的状态，但并没有放弃求援，我引导她的方法则是继续坚持。当然她也可能选择另外的方式：寻找其他策略，比如找其他玩具和鹏鹏交换；采取攻击行为，可能是通过攻击鹏鹏释放愤怒——很多孩子会采用这种方式。攻击行为背后，往往隐藏着挫败感。

以借铲车这件小事为例，如果被拒绝后，孩子觉得自己对局面失去控制，认为自己无法改变结果，就会陷入沮丧，继而采取消极的对策，即攻击或退缩；如果孩子觉得自己仍然有很大的主动权，就会继续请求，或者寻找别的策略来达成目标。

挫折是"无法达到预期目标"，这个目标的设定其实大有学问。无论是大人还是孩子，如果把目标定得过高，或者定为一个点，就容易被挫败感包围，因此，我主张"分层设定目标"。

从许多身处困境的孩子身上发现，孩子并非不想改变，而是不了解改变的过程。因此，他们会设定一个非常彻底的理想目标。比如，一个平时得50分的孩子，定了个得90分的目标，而且期待在短时间内完成。一旦设定了这个目标，孩子在热血沸腾地努力了几天之后，便会被残酷的现实击垮。这样的目标之所以成为挫败感的根源，不仅仅因为它过于理想，还因为仅仅设定了一个点，这种情况下，孩子哪怕得了85分，也依旧会产生挫败感。因此我们建议孩子设定梯度目标，最低的目标一定要离现在的水平很近，也就是所谓的"跳一跳摘桃子"。获得首次成功非常重要，这样孩子就会在喜悦中一点点地进步。AQ高的孩子，善于收集进步的证据来鼓励自己；AQ不高的孩子，如果他将目标定得很高，又不善于收集证据，就特别容易被挫败感击倒。我们口中许多所谓"不求上进"的孩子，并非真的"不求"，而是因为"求"得太急切，数次挫败后彻底丧失了信心。因此，如果我们希望孩子进步，就不能太急躁，而且要指导孩子设定客观的目标。否则，目标过高反而会欲速则不达。

其实，很多家长在教育孩子的过程中，也常常要面对自己的挫败感。挫败感重的家长会因为很小的事情感觉很崩溃，觉得孩子无可救药，最后心力交瘁并放弃孩子。父母的挫败感重，就格外容易对孩子进行所谓的"挫折教育"，通过攻击孩子释放自己的挫败感。有的家长则能从自己身上找原因，并不厌其烦地想办法，经过漫长的探索，最终解决问题。成年人沉重的挫败感，往往与我们童年的"挫折教育"有关。在我们还是孩子的时候，常常因为做错事情被父母批评。久而久之，我们对事、对人的界限也变得模糊了，会因为做错事情而否定自己，这就导致了挫败感的蔓延。如果父母和孩子同时被挫败感包围，就容易互相攻击，这也是导致亲子关系变紧张的根源之一。因此，挫折教育不应仅仅针对孩子，成年人也要重新认识挫折感，并学会用积极的态度面对挫折。

真正的挫折教育，就是我们给孩子足够的爱、理解与鼓励，引导孩子用积极的策略面对挫折，并最终跨越挫折。这样，孩子抗击挫折的能力就会增强，也只有这样，孩子才会越挫越勇。

相反，你会发现，如果只给孩子挫折而不教育，最后的结果会与家长的期望南辕北辙，孩子会表现得越来越退缩。道理很简单：困难增加了，办法却一点儿都没有，不退缩才奇怪。

孩子从来都不缺少挫折，关键是怎么利用这些挫折，让孩子从中获得教益。孩子遇到了多少挫折不重要，重要的是孩子从挫折中学到了什么。

家长是个急性子，
看到孩子磨蹭就忍不住想干涉

——

先默默观察、等待，给自己设定一个"等待时限"

在咨询中，有个妈妈问我："找你咨询的家长，是不是都是急性子？"

说实话，我从来没有这样总结过。经她提醒，我回忆了一下，保守估计，有 80% 的家长都是急性子。当然这只是感觉，并非严谨的统计数字。

恰好另外一位家长发给我一个日志片段，佐证了这个论断。

他首先写的是数学作业。当时我在洗衣服，他说要和我比赛看谁更快完成。这个过程中，感觉他不像我在身边时那么抓紧时间，经常发愣、抠鼻子。我没理他，过一会儿他又自觉地低头写。我想，以前都是见到他玩我就催他，这样锻炼不出来他的主动意识，这次我索性不理他，结果确实也很耽误时间。我手里的衣服洗完一件，就念叨一句"我离成功不远了"，他就说"别以为我会输"，然后速度也会加快，最后他赢了。

以前，只要孩子一走神，家长就想立刻改变孩子的状态，于是就忍不住干涉孩子，如果孩子不听，家长就特别容易发脾气。本来是一件很小的事情，最后却弄得硝烟弥漫。

面对孩子，要尽量做到不急躁。在具体的咨询细节中，我们常常讨论到这个话题。但是，作为妈妈，很难一下子真正做到不急躁。多数情况下，妈妈要么尽量压抑、隐藏自己的愤怒情绪，要么不让自己爆发得太彻底，不让自己表现得歇斯底里，尽量减少对孩子的伤害。

这位妈妈在经过了很长时间后，终于体会到了这种感觉。当她看到孩子发愣、抠鼻子时，她并不急躁也不急于干涉，而是选择等一等。过了一会儿，孩子身上出现了她期待的行为：又自觉地低头写。大约两个月以后，这个孩子对妈妈说："我愣神的时候，你不要催我，我最烦你催我了，你不催我的话，过一会儿我自己就会去写。"

要耐心等待，这个道理容易理解，但很难做到。特别是对于性格急躁的家长来说，就更加困难。

性格急躁的人雷厉风行、干脆利落，更急于看到结果。而孩子被自己的感觉所左右，并不懂得附和大人的节奏。大人在自己预设的时段内没有看到孩子表现出积极的行为，焦虑便开始升级。在焦虑的推动下，大人试图立刻扭转孩子的表现，这往往是冲突的开始。从本质上说，这是对孩子的控制。

事实上，如果我们肯从容地等一等，就极有可能峰回路转、柳暗花明。怎样减轻自己的焦虑呢？不妨换个角度。"发愣、抠鼻子"，我们可以把这些行为定义为磨磨蹭蹭，也可以把它定义为"战胜自我的必经阶段"。通常，孩子在疲惫、烦躁、畏难的时刻，更容易出现这样的行为，我们自己在工作中，偶尔也会这样偷懒走神。那么，我们能否允许孩子停下来，暂时转移自己的注意力呢？如果我们认为孩子是在积蓄力量，继续并不容易的旅程，心中便不会那么急躁，说不定还有一丝感动呢！这不正是"等花盛开，看树长大"的情怀吗？从这个角度来说，慢性子会给孩子更多的时间，更容易等来孩子战胜自我的时刻。如果你是个急性子，不妨给自己设定一个"等待时限"，把平时的忍耐程度扩大两三倍，多等一会儿，便极有可能等来另外一片风景。

当我发现孩子磨蹭的时候，我通常会先默默地观察、等待。其实，沉默本身便有一种无言的力量，它的潜台词是：我相信你能做好，我愿意给你战胜自我的空间。孩子能感受到我们的忍耐和期待，他会主动改变自己。当然，前提是我们保持平静的状态。如果我们急躁、焦虑，这个态度本身就包含着对孩子的不满和不信任，孩子内心的情绪会发生微妙的变化，他要么反抗，要么防御。也就是说，大人平静而沉默，孩子的注意力便会放在自己的行为上，想着怎样改变自己；大人急躁而沉默，孩子的注意力则会放在父母的情绪上，会更关心父母是否会发火，是否会责备自己，自己应该怎样应对。同时在这段沉默的时间里，我的大脑在高速运转：如果他依然磨蹭，我应该选择在什么时机介入？怎样说？怎样做？管到什么程度？孩子可能会有什么样的反应？我该怎样应对……多数时候，这些策略都用不上，孩子会自觉地终止磨蹭，开始做事。而一旦需要介入，因为策略已经想得很清晰，所以通常也能简洁而有效地解决问题。

　　我们这里说的"等一等"，体现了教育的滞后性。也就是说，我们不妨信任孩子内心的积极力量，付出足够的等待，等孩子的主动性自然浮现。这个等待的过程给了孩子管理自我的机会，也会让孩子学会自我约束。很多孩子不主动、依赖性强，就是因为我们介入太多、太频繁也太深入，导致孩子自我管理能力的丧失。

怕孩子骄傲，
看到孩子"自夸"就想给孩子浇冷水

"自夸"不同于炫耀，肯定孩子的积极体验

你一定遇到过类似的事情：孩子出去和小朋友踢球，回来的时候特兴奋，说他们这组如何如何厉害，大胜对方。

我们可能会附和孩子几句，但内心里常常会不以为然——至于这样吗？简陋的场地、模糊的规则，互相踢着玩而已。你们这些小孩子，一脸的春风得意，好像自己是载誉归来的西班牙国家队！

这样一想，心中便会升起一股冲动——给孩子浇几盆冷水。

前几天，和一位妈妈讨论的就是这样一个细节。我追问："孩子眉飞色舞地和你讲这件事情，他会期待你怎样回应他？"

妈妈也能说出表扬孩子的话，只是不太愿意这样做。我继续追问："你是不是怕孩子骄傲？"

果然是，她说有时候，看上去很简单的题，孩子做了出来也会"自吹自擂"："你看我很聪明吧！"

我们怕孩子骄傲，或者觉得点滴进步不值得这样自吹自擂。这听上去很有道理。那么，你会担心孩子自卑吗？其实，孩子觉得自己很棒的时刻并不算多，孩子觉得自己不好的时刻却数不胜数。这与我们的文化有关，我们总觉得谦卑是美德。谦卑的确是美德，但是谦虚到了自卑的程度，就不好了。比如，孩子之间踢球，这种比赛和竞争虽然有点小儿科，但也是同水平的较量，要付出相当的努力才能成为赢家。做题也一样，我们觉得简单，但对孩子来说，未必那么轻松。在我看来，"你看我很聪明吧"这句话未必是自吹自擂，而是孩子完成一道题目的庆祝仪式。也就是说，他并不是为自己的"聪明"沾沾自喜，而仅仅是想表达此刻的好心情。孩子做一件事情时，如果他能在其中看到自己的优势和进步，有喜悦之情，有成就感，就是一件很幸福的事情。

我也是走了很多弯路，才明白了这个简单道理的。我从小生活在不鼓励自夸的环境里。明明是一件很令人高兴的事情，如果表现得兴高采烈，大人就会本能地压制孩子的情绪。于是我得出一个结论：夸奖自己是很不好意思的事情。

所以我小时候常常批评自己，但不懂得夸奖自己。自夸会让我感到难为情，而且我觉得做好了是应该的，做不好才不可原谅。

所以，在漫长的成长岁月里，我一直被自卑包围着，总觉得自己不如别人。还好，我一直坚持一个信念：优劣是一回事，努力是另外一回事。于是，我就处于一种很矛盾的状态：我很差，但我不能停下。现在回头去想，我当时的内心是非常压抑的。

读高中的时候，我经常去姑姑家，她家的气氛比较轻松，她也常常会赞赏我在学校的一些鸡毛蒜皮的表现，我体验到了非常美好的感觉。在我家里，这都是不值一提的小事。

经过这样的对比，我开始思考人的自我激励机制。自我激励是情商的一部分。简言之，情商包括五个部分：了解自我、调控自己的情绪、自我激励、识别他人的情绪、管理人际关系。心理学家发现，凡是有成就的人都善于自我激励。丹尼尔·戈尔曼曾说："对奥林匹克运动员、世界级音乐家以及国际象棋大师的研究发现，他们共同的特质是不断提升自己坚持常规训练的能力。"那么，为什么有的人能在看似枯燥、重复、单调的任务中坚持下去呢？他们靠什么激励自己呢？

这些人都善于捕捉当下的积极体验。以踢球为例，在成年人看来踢球本身毫无意义可言。但孩子不这么想，他们全情投入，奔跑、传球、射门，甚至小伙伴的呼喊都能唤起他们心中的积极体验。一旦赢球，更是兴高采烈，这时每个嬉闹玩耍的孩子，脸上都写满了愉悦感。孩子为什么对游戏乐此不疲呢？就是因为这些积极的体验让他们不惜付出脑力和体力；也正是这些积极的体验，让孩子为自己的行动赋予了价值。

做题也一样。孩子说"你看我很聪明吧"，表面上看这一点儿都不低调，其实孩子之所以这样说，是因为他捕捉到了做题的积极体验。比如反复思考后的豁然开朗，或者做题时充实而沉静的感觉，甚至是笔尖画过稿纸的"沙沙"声营造的氛围，以及完成一道题后的满足感。正是这些看似细微而又琐碎的体验，让一个人在反复训练中充满激情。我们成年人总是一副世事洞明、波澜不惊的样子，这固然是谦虚稳重的表现，但也容易压抑了最宝贵的激情和自我激励的力量。

有时候，看到孩子做完作业，我会和他一起欢呼："哦，我们做完了！"我并不担心孩子会因此而骄傲，这仅仅是在突出孩子的积极体验而已。真正的高手和天才都不是靠功利和恐惧驱动自己，而是被内心积极的力量和体验所激励。善于自我肯定的人也可以很谦卑，二者并不矛盾。甚至只有真正的自我肯定，才有真正的谦卑。

自我激励是人生的引擎，是自我动力的来源。如果我们总以谦虚为理由压制孩子的表达，就是在教孩子否定自己的感觉，这样会瓦解孩子的自我激励机制。这就仿佛倒洗澡水时连孩子一同倒掉一样。自卑的孩子自我激励能力非常弱，看上去不够积极主动，没有战胜困难的勇气。孩子要懂得欣赏自己的成功才能不断走向成功。也正是因此，我非常反对把批评当作教育的手段。孩子做错了事情，我们应该点到为止，要把着眼点放在如何改进上，而不是没完没了地责备孩子。严厉地批评孩子，通过制造恐惧迫使孩子做出的改变，注定是暂时的改变，从长远来看，我们破坏了孩子的积极体验。如果总是被批评，孩子很难对任何事产生真正的热爱。凡是热爱，都是能从过程中捕捉到积极体验的。比如爱书的人，会看得如痴如醉；爱摄影的人，为了拍摄唯美的图片，宁可风餐露宿，不惧奔波。

现在，我非常在意自己细微的进步，坚持捕捉积极的体验，而且会将体验记录在备忘本上，这是我激励自我的方法，也是我的动力来源。我发现，正因为始终坚持自我鼓励，所以即使挑战一些在别人看来很难的事情，我也可以一直追随自己的兴趣，不断挑战自己，同时在工作中体验轻松和愉快。

当然，自夸与炫耀很接近，需要警惕。二者之间的区别在于，自夸是说给自己听的，炫耀是表演给别人看的。

"自夸"确切地说应称为自我肯定。我之所以用"自夸"这个词，是因为我们常常给自我肯定贴上"自夸"的标签。

自夸是为了认识自己、鼓励自己，而不是为了表演给别人看、博得羡慕与喝彩。所以，我们要尽量掌握这样一个尺度：允许孩子自夸，但是不鼓励孩子炫耀。

炫耀会间接地贬低他人，伤害他人的自我价值感。所谓的懂得自夸，远离炫耀，就是我们要善于捕捉自己的积极体验，同时也体谅他人的处境，照顾他人的感受。如果孩子能坚持价值平等的原则，肯定自己的价值，也认可他人的价值，便不会贬低他人。一个不懂得自我肯定的人，也很难真正欣赏他人。

回到小朋友踢球的例子，我们不妨深入这件事情：你们是怎么赢了对方的？怎样传球配合？怎样攻门？选择怎样的角度？这样的话，孩子会找到自己的"厉害"之处，下次遇到别的事，这些成功经验还会派上用场。

很显然，自卑的人也可以把事情做得很好，只是要付出非常高昂的情绪代价。我们不希望孩子承受这份痛苦，所以要鼓励孩子学会自我肯定，尽量让他们在一个愉悦的氛围中达成自己的目标。

我一直认为，不卑不亢是非常难得的一种境界。不卑不亢的背后是稳定、恒定的自我价值感。如果孩子懂得自夸，并远离炫耀，他们的人生就是在向这种境界靠近。

第二章

培养孩子的
自我管理能力

✦ 第一节

孩子 11 岁了，
还每天黏着我、要跟我睡

——

不要随便给孩子贴标签，管理情绪先管理念头

有一位家长在微博上给我留言，这个事例比较典型，我便逐条进行了回复。

杨老师，您好！我的孩子 11 岁了（男孩），很依赖我，现在还每天黏着我、要跟我睡，可在别人面前他很得意地说是我硬要黏着他。今晚我提出让他自己睡觉，他就和我谈条件让我先跟他睡两天，然后他再独立睡一周，依此循环。我很反感孩子这种懦弱的做法，起初坚决不答应他的条件，后来被

他缠不过就答应了。可我越想越生气，反悔了。他也很生气。结果，这件事让我们俩都很烦。我觉得他太黏人，摆脱不了他，在我说过不陪他睡后，他自己躲在被窝里哭了……孩子到底是怎么回事？杨老师可以帮我分析一下吗？

我的答复如下。

首先，谢谢你信任我。从这段文字中，我能感受到你烦躁的心情，也理解你的苦恼。

1. 孩子依赖你、黏着你，在别人面前却得意地说你硬要黏着他。我猜测，有两种可能。一种是他不愿意当面承认黏着你的事实，所以颠倒黑白。另一种是，这是事实——你正在以一种非常隐蔽的，甚至你自己都没有觉察到的方式控制孩子，造成了孩子离不开你的事实。

2. 孩子说先跟你睡两天，然后他再独立睡一周，依此循环。客观地讲，你的孩子很善于想办法，他想用一种循序渐进的方式脱离对你的依赖。两天陪伴与一星期独立，这样的安排也很合理，从这一点来说，他并不想硬要黏着你。有这样一个过渡，孩子也会感觉更舒服。我们能否真心地理解并倾听孩子的意图呢？我看你把孩子的合理建议定义为"懦弱"，很显然，你对孩子心怀埋怨。

3. 你说："我很反感孩子这种懦弱的做法，起初坚决不答应他的条件，后来，被他缠不过就答应了。可我越想越生气，反悔了。"这里我要追问几句："你是在生孩子的气，还是更生自己的气呢？你会恨自己不坚持原则吗？这个'懦弱'的评价，是指向孩子的，还是指向你自己的呢？"

4. 答应孩子的事情又反悔了，这会降低你的威信。那么孩子答应你的事情，也会出尔反尔，因为你没有做出信守诺言的好榜样。并且，对于你的决定，他会通过软磨硬泡来不断修改，最后甚至可能让你的决定不了了之。

5. 其实这件小事情没必要以烦躁和眼泪为结局，依照孩子的办法，陪他两天，再让他独自睡一周，不是皆大欢喜吗？当然，这里我还要特别提醒，他自己睡时，可能还会对你软磨硬泡，这是考验你是否坚持原则的时刻。

再次感谢你的信任。最后，我还想多说两句：孩子的表现是一回事儿，我们对他的评价是另外一回事儿。二者恰好南辕北辙。客观地讲，孩子的建议很合理，如果我们给他贴上一个"懦弱"的标签，他在我们心目中就会面目可憎。作为家长，我们在学会管理自己的情绪之前，必须先学会管理自己的念头。并非每个念头都是对的，每个念头都需要推敲和审核。

如何推敲和审核我们的念头？这正是咨询工作的重点。表面上看，我的工作是在改变家长的方法，事实上，我是在修正家长的念头。许多家长也知道自己做得不对，但他们控制不住自己，最终把这些错误的方法加诸自己深爱的孩子身上。我们不禁要问：为什么不能知错就改呢？在我看来，是因为这些做法背后，有一连串的念头和判断在支撑着家长，它们未必正确，但力量强大。如果家长真想改变自己，光改变行为还不够，必须斩断这些有害的念头。

关于如何斩断有害念头，心理学家拜伦·凯蒂（Byron Katie）进行了很好的研究。凯蒂在十余年的时间里一直被忧郁症所困扰，甚至有了一些极端的念头。当痛苦达到顶点时，她的人生突然发生了戏剧性的急转弯。某天早晨醒来，她忽然有了一个极其重要的领悟：从前的一切痛苦，都是因为她不假思索地相信自己的某些负面判断。正是这些负面念头，把她推向了痛苦的深渊。想明白了这一点，十年的深刻痛楚顿时烟消云散。

凯蒂的方法简单而有效，当我们心中升起一个不好的念头时，不妨问自己四个问题：这是真的吗？我能百分之百确定这是真的吗？当我相信这个判断时，我有什么反应？没有这个念头，我会怎样呢？我们不妨用"孩子懦弱"这个案例来做一个练习。

"孩子懦弱"，这是真的吗？妈妈认为孩子懦弱的证据是孩子不肯立刻与妈妈分开睡，而是提了一个循序渐进的方案。而"懦弱"的定义则是：害怕面对眼前的事实，逃避事实，胆小怕事。很显然，孩子并没有逃避，只是想了一个更柔和的办法来面对。

能百分之百确定"孩子懦弱"这个判断是真的吗？在这个例子中显然不能。就算家长对自己的判断非常有信心，一旦有人追问"能否百分之百确认"，答案往往也是否定的。比如，有的家长一看到孩子做作业时转笔、发呆，就马上判断孩子不认真。其实，除了不认真，我们还可以考虑是否有别的可能，比如孩子遇到了困难，或者正在思考，或者心情不佳。如果我们不能百分之百确认，这个判断就不能当作事实，而是需要进一步核实。

当妈妈认为"孩子懦弱"时，会有怎样的反应？妈妈的行为给出了答案：怨恨、愤怒、失望、烦躁，对孩子出尔反尔，导致孩子躲在被窝里哭鼻子。

没有这个判断，妈妈会怎样呢？很显然，如果没有"孩子懦弱"这个判断，妈妈会看到孩子的积极态度和主动寻找方法的诚意，妈妈会肯定孩子的努力，重申"说话算话"这一规则，并欣然应允孩子的要求。

本来可以皆大欢喜的事情，因妈妈的一念之差，亲子之间的气氛便急转直下。这再次证明，念头的力量绝对不可小觑。一个不起眼的念头，可以轻而易举地把我们推向深渊。而我们最大的失误，往往就是放任各种负面念头和认知在心中纵横驰骋。

其实，不仅是家庭教育，我们人生中的大部分烦恼都来自心中的负面念头。这让我想起半杯水的故事。同样是半杯水，有人会说"怎么只有半杯"，有人则会说"多亏还有半杯"。乐观与悲观都与水无关，左右我们心情的，不是那半杯水，而是我们对半杯水的看法。我们在看待孩子的行为时，也存在"半杯水"的心态。同样一个孩子，有的人能发现其身上的许多优点，有的人则能挑出其身上的一大堆缺点。视角不同，与孩子互动的结果自然大相径庭。

不管是为了教育的成功还是为了人生的幸福，我们心中的念头和判断都需要一个理性的审查系统来过滤，帮助我们相信那些值得相信的念头。而凯蒂的四个追问，则可以扮演称职的法官，守护我们内心的安宁。

孩子容易急躁，
有时不管不顾地打断别人说话

—

不为没教过孩子的事情责备孩子

假期回老家见了一位老朋友，我们约了几个人一起吃饭。这期间闲聊孩子时，她说了一句很经典的话："没有教过孩子的事情，孩子犯了错，不要责备他！"

我在我另一本书《一段短暂的师生情谊》一文中曾提到过这位朋友的孩子。因为孩子在听力方面有障碍，所以他的成长面临更多的挑战。一般孩子自然而然能学会的东西，他未必能学会，需要刻意地重复学习。

朋友举了个例子。因为孩子听力不好，所以孩子常常很大声地关门，把别人吓一跳而自己浑然不觉。或者，一家人一起回家时，他常常先开门进屋，随手就带上门，把爸爸妈妈丢在门外。这时候爸爸会很生气，说他不懂礼貌，不懂得替别人考虑。遇到这样的情况，有的家长还会上升到自私的高度。对此，这位妈妈持不同意见，她说："我从来不为没教过孩子的事情责备他！"

妈妈的做法就是不断地让孩子体会，比如让孩子反复练习关门，让他体会用多大的力气关门是合适的。孩子把他们关在门外，他们敲开门，把孩子叫出来，锁上门重新开一次。重新演示一遍，不需要任何的批评和责备，孩子也会懂得这件事。在平和的心境下，孩子学会了为别人考虑。

有一次，许多朋友一起出去玩。吃饭的时候，孩子拿起菜单就点菜，并没有征求别人的意见。妈妈觉得很不妥，就制止了孩子，没再多说什么。回家以后妈妈详细和他说其中的缘由："吃饭是大家的事情，每个人的口味都不同，要照顾到大家的喜好，不能你一个人说了算。"这时孩子就非常坦然地问妈妈："这样做不对，是吗？我以后不这样了！"作为旁观者，看到母子俩可以这么平静地谈论对错，我心里也觉得很温暖。孩子犯错不是什么大不了的事情，本可以这样温和地谈论，自然地改正。从孩子和妈妈的对话来看，他确实不知道点菜的学问。回家后，妈妈选择教会孩子，而不是单纯地责备孩子，这是很好的做法。

朋友说："你看，我一直用这个办法，他现在不像以前那么急躁了。"我猛然意识到，孩子的确变得更平和了，尤其是最近两年。因为听力不好，小时候他比一般的孩子更容易急躁，如果说不赢别人，他就会非常着急地去捂住别人的嘴。如果妈妈和别人说话，他因为听不清，又急切地想知道聊天的内容，就会不管不顾地打断别人："妈妈，他在说什么？在说什么呀？告诉我！告诉我好吗？告诉我吧……"

朋友之后会不厌其烦地告诉他："等别人把话说完再告诉你！如果当时不方便，回家我也会告诉你。"现在，就算他非常想知道，也会静静地等在旁边，等别人说完的当口再插话。这几年，孩子唇读的能力也在提高，他能通过唇读，大致了解谈话内容。

他很喜欢和我聊天，我们聊历史、政治，还会聊 UFO 之类的话题。因为不经常和他在一起，有的话他要重复三五遍，甚至还需要妈妈帮忙"翻译"，我才听懂。说实话，我有时候都不忍心，但是，他的脸上没有任何急躁和不耐烦，一遍遍地重复，直到我听懂为止。然后，我们的话题继续。虽然有许多地方需要重复，但这样的重复完全不会影响他的心情。

很显然，这并不是顺其自然的结果。在这份坦然背后，隐藏的是妈妈多少年不厌其烦的引导。

我常听家长抱怨孩子不懂事、没记性。说孩子不懂事之前，我们不妨想想，我们有没有教过他，有没有让孩子去体会？孩子从出生开始就在进行不间断的学习，父母则是孩子的第一任教师，承担言传身教的任务。这个任务并不轻松。其实，说了不代表教了；教了也不代表会了。作为家长，我们不但要有耐心，还要有责任心，要"包教包会"。

通常，我们总喜欢做"事后诸葛亮"，发现孩子做错了就单纯地给孩子讲一番道理。道理听上去很透彻，但孩子下次依然不会正确做事。一般来说，讲道理不是一个高效的方法。以朋友的孩子为例，孩子大声关门这件事，如果妈妈只是事后告诉孩子"小点声儿"，要懂得照顾别人的感受，妈妈的道理似乎讲得很明白，但孩子依然不知道用什么力度关门才算"小点声儿"；如果提醒的同时手把手让孩子直接体会，他则很容易明白，并且这样做会使他形成一种"手感"——孩子很容易通过感觉判断是否用力过度。

许多人在发现孩子犯错时会立刻教育孩子，而且很多家长会走入一个误区，以为严厉地训斥孩子，给孩子施加压力，孩子就会学得更认真。事实证明，这样的教育效果反倒不好。情绪是智力的守护神，当孩子情绪不佳时，学习效率也很难得到保证。

那么，遇到孩子不懂的地方，我们该怎样教会孩子呢？至少要注意三个方面：方法、时机和语言。以点菜为例，如果妈妈当着众人的面严厉地批评孩子，那么方法、时机和语言的选择都不妥当。事实上，妈妈当时只是简单地制止了孩子，并没有立刻教孩子，而是选择回家以后和颜悦色地解释因由，并告诉孩子应该怎样做。妈妈语气温和、心情平静，孩子就很容易接受道理。

也许我这位朋友的做法会给我们带来一些信心和启示。岁月像一条悠长的曲线，昨天和今天看不出太多的改变，然而她就这样一天天地坚持着，我想她内心经历过的煎熬和惶恐，是我们所无法体会的。我与这位朋友相识已经整整十年，回首十年，我见证了一个孩子从急躁走向平和，其中有感慨，更多的是感动……

孩子打球一点儿活力都没有，
就想回家看电视

—

不用怒气控制孩子，以免孩子也用负面情绪回应我们

周六上午我们一家三口和刘洋的同学一块儿打球。刘洋和爸爸一组，我和他同学一组，我们双打。刘洋输球时总爱批评爸爸，他的积极性不高。比赛还差几分钟结束，刘洋想回家，但他同学还想继续打。我看到他的样子心里有点火："干吗非得自己早回去？神经吧，一块儿走吧！"刘洋也火了："你才神经，你才无可救药！"我没理他，生气地说："给你钥匙，愿意走就走吧！"刘洋马上软了："行了，我等一会儿吧。"

这是一位妈妈的日志片段，我问这位妈妈："看到孩子的样子，为什么会发火呢？"妈妈说是因为孩子一点儿活力都没有，总想着回家看电视。我继续追问："孩子想看电视，这算错误吗？"妈妈说："不算错误，但让我不舒服。"

那么，让妈妈"舒服"的状态是怎样的呢？我推测，一定是学习认真、积极，对看电视保持克制，甚至不看；做运动劲头十足，没有负面情绪；听从妈妈的安排……总之，不让父母操心，一切都天遂人愿。一个孩子如果能始终做到这一点，还是孩子吗？那简直是机器人！

从道理上讲，我们都知道不应该用完美的标准要求孩子，但是在与孩子互动的过程中，大人们心中的期望不知不觉便飘到了云端。网络上流传的一个段子恰好说明了这一点："从小我就有个宿敌，叫'别人家的孩子'。这个孩子从来不玩游戏，不用 QQ，不喜欢逛街，每天只知道学习。长得好看，又听话又温顺，每次考试都是年级第一，从不让人操心……"

"别人家的孩子"固然是一种调侃，但也确实是家长的口头禅。我们小时候，也最痛恨父母借"别人家的孩子"教育我们，如今我们为人父母却忍不住用同样的话教育自己的孩子。说到底，这"别人家的孩子"，就是无数个小孩儿的优点拼凑起来的一幅"理想小孩"的画像。没有任何一个孩子能达到这个标准，但我们都希望拥有这样一个人见人爱、花见花开、从来不制造麻烦的"理想小孩"。

在这个虚拟的"理想小孩"的对比下，现实中的每个孩子都黯然失色、错误百出。比照这个"理想小孩"，每个孩子的行为都不完美，都能挑剔出许多"不应该"。比如在这位妈妈看来，刘洋"不应该"提出早回家的要求，"不应该"热爱电视，热爱学习还差不多，这才符合妈妈的期望。说到底，这是一种最不费力的期待：自己付出最少，让对方来迎合我们。

许多家长心中都有这样一个模糊的期待：希望孩子的表现自动符合我们的预期。如果真能这样，父母就可天天度假、日日狂欢了！以看电视为例，对于特别喜欢电视的孩子来说，如果没有约束，他们恨不得全天守在电视前面。全天守候，我们肯定不答应，不过我们也理解孩子热爱电视的心情。对于孩子的爱好，我们常常从功利的角度区分出"有用"和"没用"。比如，看漫画没用，看电视没用，看名著则有用，如果爱做习题，那就更有用了！但对于孩子而言，爱好就是爱好，无所谓有用或没用，喜欢电视，当然希望多看，这本身不是错误。

如果我们觉得孩子行为过度，就可以行使管理权，不让孩子看那么多电视，没必要为这件事情在心中怄气。另外，如果孩子提出我们不愿意答应的要求，我们也特别容易与孩子怄气，父母的潜台词是：你怎么就不能提点儿合理要求呢？其实，孩子有提任何要求的权利，无论所提的要求多么离谱都没关系。关键是，我们有管理权和否决权，应该答应合理的，拒绝不合理的。正是在这样的磨合中，孩子确定了自己行为的尺度。最后，套用一下那句话："我可能会拒绝你的要求，但誓死捍卫你提要求的权利！"

关于刘洋想回家的事情，解决方法也非常简单：同意就给钥匙，不同意就不给，让他等一等，没必要责备孩子。以后他就知道，这样的情况下想早回去也没用，妈妈不允许他看那么多电视，他也会保持克制。也就是说，妈妈的态度已经确定了孩子的行为尺度。我又问妈妈："如果孩子真的拿着钥匙走了，你心里会接受吗？回家是否会继续责问他？这是否会成为新冲突的导火索？而且，孩子虽然承受了不愉快，但也达到了目的，这反倒破坏了孩子的自控能力。如果你鼓励孩子用这种方式解决问题，长此以往，孩子就会变得特别难缠。"当然，这次孩子看妈妈发怒了就妥协了，说到底，孩子是迫于压力放弃行动的，而妈妈是在用怒气控制孩子。当我们用负面情绪来处理问题时，孩子也会用负面情绪回应我们，比如责备爸爸，回击妈妈。

古往今来，这世界上都不曾有过"理想小孩"，但这个形象却像幽灵一样，干扰我们对孩子的判断。请放下这个形象，回到人间，接纳孩子的不完美，也接纳我们自己的不完美。

孩子胆小，不敢和人打招呼，
如何让孩子敢于社交

—

被尊重的孩子胆子更大；克服内心恐惧，真正看见孩子

鹏鹏是我的小侄子，因为父母忙碌、生活单调，很少与外界接触，他出现了情绪交往障碍。具体表现为脾气急躁、不肯学说话、怕生人，害怕草坪、沙滩等很多平常的生活场景，不敢自己打伞，不敢坐电梯。在他两岁零4个月时，我曾经亲自照顾了他半个月，教他学会了几十个字，慢慢地他的状态开始有变化，很快学会了说话。这件事情深刻地改变了鹏鹏父母的教育态度，他们不再粗暴地对待孩子，开始懂得尊重孩子的愿望和需求。

到了鹏鹏5岁时，回头翻看他两岁多的照片，通过对比发现，他最大的变化不是身高体重，而是表情。

两岁时的鹏鹏，脸上常常写满不安和拘谨。那时候他总是一副怯生生的样子。如果他睡醒后发现只有我在房间里，他会连鞋都顾不得穿，惊慌失措地"逃"出去。

经过全家人的不懈努力，5 岁的鹏鹏不但表情坦然，也变得很敢说话。他是一个车迷，坐公交车时喜欢坐在第一排，目不转睛地观察司机开车。如果没坐到第一排，他会自己去和别人协调："叔叔，我们换个位置好吗？"通常大家都不会拒绝他。鹏鹏有这样的表现，令我感到非常吃惊，在 3 年前这根本不敢想象。

有一天，楼下有个十几岁的孩子在玩魔术，道具看起来还很齐全，鹏鹏和我的小侄女曼曼就凑过去："哥哥你在做什么呀？我们摸摸好吗？"

两个孩子真没把自己当外人，就自然地和人家在一起玩，其实他们根本不认识这位大哥哥。在孩子可以自己去交流、沟通的场合，我们通常都不参与，只是观察、陪伴。我和嫂子一直在旁边等着，直到必须回家了，他们还玩得意犹未尽。我发现，两个孩子完全没有陌生、拘谨的感觉，虽然是和陌生的大哥哥一起玩，但也很自然。

曼曼从小胆子就大，接触的人也多，交流能力更是不在话下。她 3 岁的时候，我们带她去湖边喂鱼，喂鱼之前先去买面包。走进面包店，我把钱给曼曼，她就自己和店员说："姐姐，我买面包，我要去喂鱼！"在去湖边喂鱼的路上，看见一个人牵着一只漂亮的小白狗，她就对狗的主人说："阿姨，你的小狗好可爱呀！"还恋恋不舍地在旁边看了半天。我们喂鱼时，那个人也牵着狗过来了，曼曼就拿面包去喂那只小狗。狗主人不让她喂，她就一脸天真地问："为什么不能喂呀？"狗的主人敷衍她："你喂了它，它一会儿还和你要。"曼曼很慷慨："没关系，我可以给它！"狗的主人继续敷衍她："反正就是不能喂！"曼曼彻底迷糊了，非常迷茫地仰望着那位阿姨……

我和三哥（曼曼的爸爸）相视一笑，三哥出来解围，他对曼曼说："阿姨不想让小狗吃那么多东西，不要喂了。"这还算一个明明白白的理由，曼曼听完便不再喂小狗，转去喂鱼了。曼曼之所以追问，是因为我们在家里从来不敷衍她，不会随便编个理由蒙骗她。所以，她就对阿姨给出的理由感到很困惑，一定要刨根问底。

看到两个孩子与人交往的状态，回想我自己小时候，真是自愧不如。假设我是曼曼，人家不让喂，我就不喂了，根本不敢那样直视着大人的眼睛，坦然地追问"为什么"。

我做教育工作，经常陪曼曼和鹏鹏玩耍，加上全家人在假期时又常常聚会，因此，我们渐渐形成了比较统一的对待孩子的方法。比如，大人正在闲聊时孩子过来，我们都会停下来认真听孩子说完，有时候，还会在闲聊过程中被孩子临时拉走充当玩伴。他们会提五花八门的要求，无论我们最后同意还是拒绝，都会耐心听完孩子的话，认真回应孩子。

这些细节使我内心充满感动。大人在专注地听孩子讲话时，会发现孩子的状态非常不一样，那种冷静、坦然、放松，让人羡慕。你会觉得，大人和孩子真的可以平等，以"人与人"的姿态平等对话。那一刻，大人没有优越感，孩子也可以随意表达。我们不会因为孩子说了不合理的话就劈头盖脸地训斥他们一顿，也不会笑话他们幼稚。他们可以自由地表达心中的想法，没有担心，没有畏惧。

家庭，是人际关系的第一个训练场。很多家长说孩子胆小，不敢和人打招呼，更不知道怎么融入小伙伴的群体，问我该怎么办。说真的，我没有直接能应对孩子胆小的灵丹妙药。我们倒不妨逆向思考，为什么孩子会胆小？

孩子胆小的背后，通常都隐藏着恐惧。恐惧的感觉是怎样出现的呢？在我看来，至少有两个原因：对孩子的轻视和我们内心的恐惧。

说到对孩子的轻视，有必要反省我们的育儿观。我们有时会习惯性地轻视孩子的价值。很多父母在童年都曾经被不公平地对待。比如，我们参与大人的话题时，大人会强势地说："你一个小孩儿懂什么？闭嘴！"我们的要求也常常不被尊重。因此，孩子在说话做事之前，总是要评估可能出现的后果，如果感觉会遭到大人的训斥，就会选择沉默。回想当初，我们也曾经为此失落沮丧。当我们成为父母后，却不同程度地复制了父辈们的育儿观。

许多人轻视孩子的倾向非常明显，对待孩子的思维方式也像当年父母对待自己一样。有的人轻视孩子的倾向非常隐蔽，甚至许多人觉得自己很重视孩子。其实他们实际上是重视孩子的表现，轻视孩子这个人。这样的重视只是重视结果，重视孩子是否符合我们的期望，忽视了孩子的感受和需要。所以许多孩子会抗议："你的眼里只有作业没有我。"被轻视的感觉会直接伤害孩子的自我价值感。孩子会感觉自己无足轻重，仿佛自己的存在就是个错误，因此会表现出过低的自我价值感，没有信心，在他人面前显得胆小拘谨。孩子被轻视也妨碍孩子客观地看待自己和他人，心理上会有"我小你大"的模式——觉得别人好，自己不好；认为别人无法超越，总是仰视他人。

当我第一次听家长说害怕与自己的孩子打交道时，我感觉很意外。一个家长怎么会怕自己的孩子呢？渐渐地，我发现怕孩子的家长非常多，只是他们没有这位家长这么坦诚而已。经过几年的观察，我清晰地感受到家长心中的恐惧——害怕处理不了当下的问题，害怕孩子无法成才。这种恐惧促使家长过度防御孩子，因此许多家长对突发事件会表现出过度反应，努力将任何可能引起麻烦的苗头消灭于摇篮之中。比如，一被孩子拒绝就很生气，孩子一旦提出不合理的要求就很恼火，孩子一做错事情就很愤怒。这种草木皆兵的状态背后，隐藏着家长的不自信。这些行为导致孩子总是看父母的脸色，不敢轻易表达自己的真实体验和感受。这样做虽然武断而生硬地阻止了当下的冲突，却累积了更多潜在的问题。

父母的恐惧感还直接导致了讨好和放纵孩子的行为。我们明知道不该这样做，但还是会被这种方法诱惑。毕竟它太简单了，也能马上"解决问题"。

这种亲子相处的模式被心理学家称为"威胁—奖赏"模式，这是消极的二人关系，其特点为服从与支配。在"威胁—奖赏"模式中，一个人持有的态度是他与另一个人有不平等的价值。比如渺小与高大的对应，穷困与富贵的对应……被讨好和放纵的孩子，具有消极的二人关系的特点，他们的表现要么服从，要么支配，会给人"欺软怕硬"的印象，这样的孩子不知道怎样尊重他人。

要改变这种状况，就需要促成亲子之间积极的二人关系。积极的二人关系中，不论双方身份、地位、权力的差异如何，都坚持价值平等的原则。要达到这样的状态，需要父母放下以自我为中心的立场，放弃父母的特权，让渡说一不二的权力，放弃"威胁—奖赏"的模式。父母要学会自律，学会倾听，尊重孩子表达的权利，认真回应孩子的要求。

给孩子最大限度的自由，同时学会坦然拒绝孩子。我们践行尊重的理念，却常常走入放纵的误区，把拒绝孩子等同于对孩子的不尊重。事实上这是对尊重的最大误解。单纯的拒绝不会伤害孩子，父母用负面情绪谴责孩子的要求，才是对孩子真正的伤害。

如果我们总是拒绝孩子、忽视孩子、挖苦孩子、训斥孩子，孩子就会有一种感觉：大人总是嫌我麻烦，不喜欢我；没人愿意听我讲话，我说话会遭到批评，没有人陪我玩，我很孤独；大人都很自私，总是为难我，一点儿也不友好，我得躲远点……

如果我们在家里接纳孩子，重视孩子，认真倾听孩子的声音，全身心地陪伴他们，孩子就会有另外一种感觉：大人很喜欢我，会认真听我的话；大人重视我的要求，当我遇到困难时，大人愿意提供帮助，愿意花时间陪伴我；我和他们在一起很快乐……

如果我们在家里提供一个安全的人际环境，孩子就会觉得这个世界是安全的，就会很容易融入其他群体；如果孩子在家庭中总是遭遇拒绝与冷漠，他就会觉得这个世界不安全，在不安中孩子就会显得很胆小。

通常孩子会在自己的原生家庭中习得一个模式，并且会带着这个模式走入社会。我们对孩子好，社会便对孩子好。善待是亲人能给予孩子的最深刻的祝福。

孩子 10 岁左右，开始学会"偷钱"了，怎么办

——

换个角度，这不叫"偷"；理财教育从管理零用钱开始

在一个星期之内，有 3 位妈妈问了我同样的问题：孩子"偷钱"怎么办？我给"偷钱"两个字打上了引号。在我看来，孩子是拿了父母的钱，但这不能过于武断地定义为"偷"。

在咨询中我发现，孩子拿大人的钱的情况在孩子 10 岁左右时较多出现。其中有一个 11 岁的男孩，妈妈发现他拿大人的钱买了游戏币，另外这个孩子以前还拿大人的钱买过小玩具和零食。孩子每次拿钱被发现后的认错态度都很好，但还是会再犯。其实，只要关注孩子买了什么东西，我们就能理解

孩子拿钱的驱动力。

我问这位妈妈："孩子与钱有关的愿望有哪些？"妈妈列了如下几条：羡慕别人可以玩游戏（主要是电脑游戏）；想吃肯德基；想买一些小玩具，比如卡片、漫画之类的小东西。

关于孩子的愿望，比如吃肯德基，妈妈说此前不让他吃，认为这种快餐是垃圾食品，对身体有害。我的回答是："这的确对身体不好。不过孩子会偷偷拿了你的钱去买零食，有些零食的质量更没法保证。这两者相比，哪个更有害呢？"最后，我们达成共识，每两个星期让孩子吃一次肯德基。关于孩子喜欢卡片、漫画之类的小东西，妈妈认为孩子喜欢的这些东西都是没用的。其实，虽然玩耍本身不会产生什么生产力，但只要孩子喜欢，身心愉悦就好。

这个年龄段的孩子之所以偷偷拿父母的钱，是因为他们心中的愿望无法通过正常渠道得到满足。因此，我建议妈妈先进一步了解孩子的愿望，然后再取舍、妥协。孩子的一部分愿望被满足了，当他可以买一些小玩具，可以吃肯德基时，也就不会再需要偷偷拿父母的钱了。

同时，我建议这位妈妈考虑给孩子一些零用钱。给的时候，不妨先做一个简单的约定，比如零用钱的使用范围、具体数目、给钱的方式、是否需要记账等。这也是对孩子如何使用零用钱的一个指导。

不妨采用循序渐进的方法给零用钱。比如最开始可以按天给，虽然有些麻烦，但可以有效抑制孩子的冲动消费。假设孩子一个月有30元的零用钱，如果按月给，他可能3天就会花光，另外27天没钱可花，这种情况下，孩子就会忍不住悄悄拿父母的钱。如果每天给，他每天都有期待，但他要学会攒钱才能完成自己的愿望。比如买一本5元的漫画书，他要等5天，这样孩子就学会了延迟满足。等孩子对待零用钱的态度稍微理智一些时，我们就可以过渡为按星期给钱，乃至按月给钱。

当然，我们并不鼓励孩子偷偷拿家里的钱，无论如何这都是不妥的行为。发现以后一定要严肃地教育孩子，让孩子有基本的是非观念。在这里我们要特别提醒的是，孩子偶尔拿了父母的钱，并不等于变坏。家长在这个问题上特别容易产生道德焦虑，因此往往会严厉地处理这种事情。而且通常处理的是结果，而不是引起这件事的原因。原因没有弄清楚，孩子往往还会再犯，然后会受到更严厉的惩罚。这显然是一个恶性循环。当然，如果孩子频繁拿父母的钱，则另当别论。为什么10岁左右的孩子更容易犯这个错误呢？孩子到了这个年龄，开始认识到金钱的力量，渴望拥有对金钱的控制权和支配权。有的家长说，他想要的东西我给他买了。其实，孩子最渴望的不是东西本身，而是自己购买的权利。回忆一下，我们最开始花钱的时候，是不是感觉很好，甚至会觉得钱很神奇？一张薄薄的纸币，就可以换来那么多让人心驰神往的好东西。孩子为了体验这种"好的感觉"，有时候会知错犯错。

十几岁的孩子有消费需求，渴望驾驭金钱，这本身没什么错。这个问题宜疏不宜堵，越不让孩子消费，他的愿望就会越强烈。孩子刚开始有零用钱时可能会乱花，为了花钱而花钱，买些没用的、不值得买的东西。这是一个必经的过程，因此没必要责备孩子，而应该慢慢引导孩子回归理性。

这个年龄段恰好是理财教育的好机会。理财，通俗地说就是赚钱、花钱、存钱、省钱的学问。我们经常听家长说："你现在只要好好读书就行，赚钱的事情等你长大了再说。"等长大了、工作了，再进行理财教育，还来得及吗？我个人觉得，理财教育从8岁甚至更早就可以开始了！

我们不妨从管理零用钱开始进行理财教育。许多孩子的零用钱基本都会用于消费或储蓄。现在的孩子多数都有一笔可观的压岁钱，在压岁钱的使用方面，有的孩子由父母来统一支配，有的孩子则用这笔钱来买平时用零用钱支付不起的东西，随意性很大，缺少计划。有些家庭，给孩子零用钱的额度，高到令人咋舌。有位私立学校的老师告诉我，他班里的孩子消费水平都很高，一次花几千元是很平常的事情。他甚至感慨："学生们一出手，比我一个月的工资还多。"曾经有个孩子告诉这位老师，他的银行卡里有几十万元的零用钱！

当然，并不是说零用钱多了就一定不好，关键在于孩子要有驾驭这笔钱的能力。现在，有一些家境优裕的孩子会"炫富"，把金钱变为炫耀的工具一点儿难度系数都没有，但如果一个孩子能善用手里的一大笔钱，做到钱尽其用，这倒是非常令人看重的。

"炫富"现象反映了一些人财富观的偏差，以及理财教育的缺失。所谓"富不过三代"，从某种意义上来说，造成这种问题的根源在于理财教育没做好。"富二代""富三代"片面地把财富等同于购买力，绝大部分人把精力用于怎样花钱，却很少考虑怎样赚钱、投资。

人们应对孩子进行理财教育，至少要让孩子树立正确的财富观、学会储蓄、学会理智消费、了解等值的观念、考虑怎样赚钱等。

每个人的财富观都不同，但至少在一点上可以达成共识：教育孩子自己创造财富。这与父母的财富多寡无关，我们从报纸杂志上得知，哪怕是顶级富豪，也会让自己的孩子去打工赚钱。这样做并非在乎打工的收入，而是要从小给孩子确立"财富要靠自己创造"的观念，并尽早让孩子体会创造财富的感觉。父母直接把大笔的钱给孩子似乎是爱孩子的表现，但这其实剥夺了孩子创造的快乐。洛克菲勒说："我不能用财富埋葬我心爱的孩子，愚蠢地让他们成为不思进取、只知依赖父母的无能者。给人带来伤害的最快捷途径就是给钱，这可以让人腐化堕落、飞扬跋扈、不可一世，失去最美好的快乐。"

钱并不仅仅是一张张钞票，这背后隐藏着人的劳动。我们要让孩子了解等值的观念。比如妈妈每月赚 3 000 元，孩子买一双运动鞋花了 200 元，这就相当于消耗了妈妈两天的工作量。

读大学时，我发现一些家境好的同学经常"断粮"，原因是花钱没有计划，不懂得量入为出。家里一寄来生活费就开始大手大脚地消费，花着花着不够用了，又只能节衣缩食。有个男生自嘲说："前半个月像国王，后半个月像乞丐。"这些同学从小养成的消费习惯是随意性较大，没有建立理智消费的观念。对于哪些钱该花，哪些钱不该花，既没有考虑，也没有从全局出发制订消费计划。

我们要帮助孩子树立科学的消费观念，让他们懂得应按照一定的原则分配金钱。理智消费不仅仅是一种习惯，更是一种能力。当然，理智消费往往是从不理智开始的，孩子在刚开始支配金钱时，都有一个胡乱消费的阶段，需要慢慢引导、慢慢练习。而且要经过反复地印证，孩子才会知道哪些钱有必要花，哪些钱没必要花。我非常赞同记账的方法，每个月回头一翻看，孩子就知道哪些地方不妥，这样反复改进，便会形成理智消费的习惯。

让孩子参与家庭账目的管理也是一个很好的方法。有位家长曾经尝试让孩子管理家庭一个星期的开销，当上千元钱被交到孩子手里时，他顿时有被"委以重任"的感觉，同时也变成一个抠门的"大管家"。以前孩子向父母要钱从来都是理直气壮，轮到他自己管钱时就总想着精打细算。这时孩子才明白，原来家里每个星期有那么多开销，真是"不当家不知柴米贵"。

过去，我们的理财教育最薄弱的环节就是怎样赚钱。在国外，人们有很多很好的尝试，比如，孩子可以帮邻居家修剪草坪，学校定期有跳蚤市场，高年级的孩子还可以办公司，甚至炒股票。我非常赞成这些活动，孩子不能生活在真空里，长大了终究要走向社会，要学会赚钱。因此，我们要为孩子提供"实习"的机会。现在，很多家长也进行了很好的尝试。比如，带孩子摆摊卖东西，或者在网上开店，以此让孩子体会赚钱的过程。

理财能力关乎孩子的生存能力，因此，一定要从小培养。

孩子被老师表扬了，
家长如何回应、肯定孩子

理解孩子的感受，真正走到孩子心里去

家长日志如下。

中午大宝对我说："告诉您一件好事，今天我们老师差点儿让我当体育委员。老师告诉大家，有个同学做操特别认真，观察他很多次了，他一直都做得很好，下次选体育委员的时候就选他。大家都猜，猜来猜去也没猜到我。我知道老师说的是我，老师总是盯着我，我就很认真地做。"

我问："你觉得这个老师好不好呀？"他说"好"。我又问："那我猜你上课肯定爱听这个老师的课。"他说"是"。我接着说："老师那么关心你，你想不想给老师留一个好印象？"他说，"当然想了"。我又接着说："那你要在哪些方面努力呢？"他说："不知道。"我又问："你上课听讲的状态怎么样呀？写字怎么样呀？"他说："都好好的。"还说："我就不该告诉您，您怎么这么贫嘴呀！"我一想，我说多了。我是想引发他的思考，结果弄巧成拙。孩子都很有荣誉感。老师有意识的表扬本身就会给他带来思考，老师在他心目中的形象也会因此上升一个高度，敬仰之情会带动他认真上课，认真写字，好赢得老师更高的赞赏。我的话说得太直白了，我只说一句就好了："我猜你一定更喜欢这个老师了，也更爱上老师的课了，就连写字都会很认真的，你绝对不想再给老师留下不好的印象。"应该这样点到为止。

这个咨询的咨询时间比较长，慢慢地，这位妈妈也学会了及时反思。当孩子说她"您怎么这么贫嘴呀"，她马上意识到自己的话有不妥之处。如果我们的回应不恰当，其实孩子会给我们一些信号。但是，以前妈妈对孩子释放的信号不敏感，有时候孩子都发火了，妈妈还在沿着自己的思路走。现在不同了，孩子说了这句话，妈妈马上意识到自己的回应不妥当并及时反思，想出改变的路径。这是妈妈的进步，也是孩子进步的前提。后来的咨询过程证明，再遇到类似的事情时，妈妈的引导思路就变了。当然，一次反思显然不够，要经过几次反思和修正，并且经历一个不断练习的过程，才能做得恰到好处。

我问了妈妈一个问题："当你得知孩子被老师表扬时，你首先想到的是什么？是想引导他，还是想先去体会孩子的感觉？"妈妈说她已经习惯了，马上就想去引导他。在教育中，"引导"是被滥用、被误用得最多的词汇之一。通常我们发现孩子的错误和不足时，喜欢滔滔不绝地胡乱讲一通大道理，美其名曰"引导"。事实上，真正的引导必须回答两个问题：怎样"引"？"导"向哪里？以这位妈妈为例，她听说孩子被老师表扬，表现得很高兴，看得出她也希望锦上添花，引导孩子更上一层楼。但妈妈的问话根本没有呼应孩子的话题，甚至她还没想好说什么，就随口以自己的价值标准对孩子提出设问。妈妈手里仿佛有一根"万能红线"，把任何事情都直接联系到学习上。孩子回来时本来是兴高采烈的，却被妈妈"引导"得兴致索然。

许多家长都是如此，引导孩子的时候总是想当然，不打腹稿，边说边想，边想边说。到头来都不知道自己要表达什么，脚踩西瓜皮，滑到哪里算哪里。既然我们想引导孩子，想有效果，就不但要打腹稿，还要花时间真正理解孩子的感受。这样才能引导到位。妈妈之所以这样胡乱地"引导"孩子，是因为她没有真正走进孩子的内心、理解孩子的感受。于是，我问了妈妈一个问题："如果有位老师每天用欣赏的目光看着你做操，你的心里会是怎样的感觉呢？"妈妈一副恍然大悟的样子："哦，原来是这样体会的呀，我就是总找不到感觉！"我继续分析："慢慢地，是不是去做操的时候，心里就会有期待了？是不是自己也会主动寻找老师的目光？然后和老师之间就有了默契，知道老师欣赏自己，也知道自己的表现老师会看到，这样是不是就有了改变自我的动力了呢？"妈妈说："是呀，昨天他就是这样描绘的。这样的感觉我怎么就分析不出来呢？"

通过揣摩孩子的感受，妈妈把原来的话改为："是不是觉得老师很关注你？通过这件事，同学们对你的看法也会改变，老师同学都和你更亲近了，你心里的感觉也是甜甜的吧？"妈妈这样说，呼应了孩子最强烈的感受，孩子的内心肯定会更加愉悦。我继续问妈妈："在此基础上，能否再升华一下呢？我们肯定孩子，重点落在什么地方呢？老师在班里大张旗鼓地夸奖他，最欣赏他什么？是因为他一次做得好，还是因为他连续做得好呢？"

很显然，孩子最可贵的地方不是某一次做得好，而是在很长一段时间里一直坚持做好，不松懈，这是最了不起的地方。我们对孩子的肯定，不妨落在孩子的坚持精神上。我和妈妈各自想了一个说法，最后将两个说法糅合在一起："大宝，我听了你的话很高兴，老师在同学面前表扬了你，你心里肯定感觉甜甜的吧？我猜你们老师肯定天天在观察你。他发现全班只有你最认真，并且一直在坚持。老师太喜欢你了，忍不住当着全班同学的面夸奖你，也是希望同学们像你一样，能天天把一件事情做好！"

我和妈妈一起揣摩了孩子的感觉，最后从老师的角度肯定孩子做得好的地方，突出了老师表扬的主题，并升华了孩子的感受。表面上看，我们只是呼应了孩子的感受，并没有"引导"他好好学习，似乎没有完成任务。事实上，我们说的那些道理，孩子自己何尝想不到呢？关键是要自愿去做，才能激发孩子真正的动力。我们的引导就隐藏在那段话中，"引"孩子重复这种愉悦的感觉，"导"向坚持做一件事。当孩子能愉悦地坚持做一件事情时，还有什么能难住他呢？

有许多妈妈问我，为什么你比我更了解我的孩子？为什么你能通过不起眼的细节判断孩子的感受和意图？在我看来，这是一件很自然的事情，被问得多了，我开始琢磨其中的原因。虽然大家认为我擅长管孩子，但是事实上，我不会成天想着怎么管住孩子，怎么控制孩子，让孩子听我的话。从很小的时候开始，我就有一个爱好：在安静放松的状态下，心无杂念地注视孩子，饶有兴趣地观察孩子的一颦一笑、一举一动。这样连续观察，会产生一个奇妙的结果：慢慢融入孩子的感觉，与他同悲同喜。我并不仅仅依靠头脑分析孩子，更在感觉层面与孩子保持联通，这样可以迅速拉近彼此的距离。因此，我不喜欢把教育看成某种"技巧"，教育的核心是感觉的融合，乃至内心的共鸣。

当然，如果我们想融入孩子的感觉，那么对自己的感觉也要保持敏锐的觉察。我非常珍视童年的经验，总是回忆当年的细微感受，这是理解孩子的绝佳参照。我们每个人都曾经是孩子，孩童时代的喜怒哀乐、悲欢离合都具有特别的价值。激活我们的童年经验，对理解孩子非常有帮助。

我并不认为自己有特别的天赋，我只是喜欢教育，喜欢小孩儿，一直保持心无杂念、连续观察的习惯。我是家族里的"孩子王"，常在一起玩的孩子有十几个，保持密切接触的则有几十个。这为我提供了充分的"实习"机会，我有充足的时间观察不同年龄、不同性格的孩子。

我发现，准确理解孩子的感受并不困难，它仅仅是一个不断练习、不断印证的过程。比如，有的孩子被批评以后会表现得满不在乎，在我看来这有违常理。我猜测孩子这样做只是在掩饰自己的情绪，他的内心其实并没有这样平静。于是我会特别留意这个孩子的状态，在观察他后面的表现时，我总能从一些细节中感受到孩子内心的沮丧。对待这样的孩子，就算他犯错误了，我也会点到为止，而不是把他训斥得无地自容。很显然，当孩子想掩饰都掩饰不住时，他的内心一定陷入了极度的沮丧。如果我们对孩子不敏感，就会把孩子的无地自容当成"悔改"的证据，我们伤害了孩子，却误认为达到了教育目的。当然，我对孩子的判断也会出现偏差，每当发现自己判断失误时，我都会极端重视并反复揣摩整个过程，找出自己出错的原因。忽略小错误，终会积累成大问题；通过向错误学习，不断修正自己，判断孩子感受的准确度就会越来越高。

没有人规定成年人一定是对的，作为父母，关键在于要有学习的态度，有否定自己、重新出发的勇气。如果我们能像写广告方案一样，精益求精地对待每次教育行为，坚持理解孩子的感受，那么与孩子的互动也就会越来越默契。

好妈妈亲子沟通有办法

connect

interchange

talk

第三章

这样沟通更有效

✦ 第一节

孩子有时大喊大叫、不听话，把大人的话当耳旁风

——

认真说话、认真听话；用行动准确地回应孩子

最近，因为朋友与熟人的缘故，陆续到别人家里见了几个孩子，他们都是四五岁的年纪。当我以旁观者的身份观察亲子互动时，我发现大部分时间根本不需要用头脑去分析，只要把自己"代入"孩子的角色，答案就会自然浮现。在这几次观察中，在家长的苦恼之外，我又发现了一个非常有共性又非常简单的事实：父母和子女的沟通根本不处于同一"波段"，彼此频率对不上。比如，孩子在跑着玩，还又蹦又跳做鬼脸，这时候妈妈已经连续发布了五六个指令："宝宝，小点声，你太吵了""小心桌子角，别碰着""把那

本书捡起来,那可是你最喜欢的书哦,弄坏了你会心疼的""和阿姨打招呼,要有礼貌""过来,我看看你是不是出汗了"……

说实话,我听了这些频繁的指令,感觉很聒噪。结果可想而知,孩子依然如故,一个回应也没有。这时妈妈的声调不知不觉开始提高,有时候妈妈通过大声喊、不断重复,能把孩子的注意力吸引过来;有时候这样做根本没用,这时妈妈的挫败感便一波一波地袭来。最终妈妈通过生气、发脾气,迫使孩子屈服,服从自己的指令。同时,这件事情不断强化妈妈心中的一个判断:这个孩子不听话,一定要对他大喊大叫才有用!在这个想法的推动下,妈妈对孩子采用的沟通手段越来越脱离常规方式。

孩子主动与妈妈沟通时双方依然不在同一波段。我发现,对于孩子对妈妈说的话,妈妈只会用语气词哼哼哈哈地敷衍孩子,或者不耐烦地说"知道了",与孩子没有眼神接触。孩子也复制妈妈的策略,大声喊、不断重复,或者去牵扯妈妈的衣角,甚至哼哼唧唧地耍赖,这样才能引起妈妈的注意,获得一些回应。如果孩子想获得更多的回应,还要加倍使用这些手段。于是这些方法成了孩子解决问题的首选策略。孩子也得出一个结论:对付爸爸妈妈就要不断地哭闹耍赖,这样他们才肯听我的话,才会答应我的要求!

渐渐地,在这样的家庭中,家人之间习惯于带着敌意说话,用吵架协商问题。久而久之便形成一个沟通的"死结":一方退让,另一方就会变本加厉。如果互不相让,矛盾就会继续升级。

我们形成这样进退两难的处境的过程非常简单,就是不认真和孩子说话,也不认真听孩子讲话。

许多家长看了无数的教育书籍,对教育理论如数家珍。但我要说的是,教育其实没有那么复杂,我们不妨回归简单,回归常识。亲子关系虽然有些特殊，但也是人际关系的一种，因此要遵循人际关系的基本规则——说话认真，听话认真。

在工作场合，我们如果想对领导说一件事情，可能要先看看对方的状态，观察是否有时间听我们讲话。另外我们也要打个腹稿，知道怎样说更得体。领导对我们说些什么，我们都会认真听，并且立刻回应。如此说来，我们都具有人际沟通的基本技能，但亲子关系中，我们重视教育结果而轻视孩子本人，否定孩子的平等地位，仿佛孩子没有资格享受某些基本人权，我们对孩子任性而为，放纵地行使父母的特权。当我们埋怨孩子任性时，真正的事实是：我们比孩子更任性！

我们不妨把"尊重""倾听"这些口号化为简单的行动，像对待领导一样，认真地对孩子说话，认真地听孩子讲话。如果我们真的这样对待孩子，就会发现亲子关系完全可以很融洽。如果始终坚持这一点，家庭教育也不会出现太大的问题。

我建议前文中提到的这位妈妈连续地观察孩子，并最大限度地简化和孩子说的话。而且要选择在合适的时间，用通俗易懂的语言与孩子对话，并且注意要用表情和眼神与孩子互动。一旦养成这样的习惯，我们和孩子说话时，孩子就会认真听。同样，当孩子和我们说话时，我们也要认真倾听，认真思考，准确回应孩子。我们要用行动诠释"尊重""倾听"，而不是整天把这些词汇挂在嘴边。

我为这位妈妈做了一个小小的示范，假设她想让孩子把书捡起来，我建议她首先喊"宝宝"，然后等待孩子的回应。这个回应可以是声音的应答，也可以是眼神的回应。孩子有回应以后，我们再用最简洁的话说出自己的要求，比如："把书捡起来！"这件事本来是举手之劳，孩子之所以会抗拒，通常都不是因为要求本身，而是我们提要求时的态度和语气。

我们要非常警惕对孩子的无效指令。以这位妈妈为例，她一天中对孩子发出的无效指令绝对超过 30 个，一年下来对孩子发布的无效指令可能有上万个。这是一个很可怕的数字，那些指令都是严重的噪音污染。就算孩子已经把这些指令当作噪声，仍然要花时间去分辨、判断、权衡，并要做出选择——是顺从、抵抗还是防御？频繁而无效的指令会影响孩子内心的平静，进而影响他们做事的效率。

我问了妈妈一句："孩子是否存在注意力不集中的问题？"妈妈说："有有有！幼儿园的老师总说他注意力不集中，老师讲的话他好像没听见一样。"

这一点儿都不难解释。妈妈不认真听孩子讲话，孩子也不认真听妈妈讲话，久而久之，孩子倾听的能力就弱化了。孩子与父母之间缺乏眼神交流，眼神的定焦能力和追踪能力也会弱化。并且，孩子嫌父母烦扰，主动屏蔽父母的唠叨，也会把他人的话当作耳旁风，对话语中传递的信息不敏感。如果孩子的视觉注意力和听觉注意力同时被弱化，孩子的注意力就会习惯性地处于涣散状态。

相反，那些与父母愉快互动的孩子，眼神总是闪亮的。大人说到孩子感兴趣的话题，孩子会目不转睛地看着你，他的眼神也会随着讲话的内容产生微妙的变化。这些孩子也能捕捉到他人情绪的细微变化，他们好奇心强，会主动追踪感兴趣的事情。

在观察的过程中，这个孩子开始在我面前跳着玩，我专注地看着他，偶尔还和他开个玩笑。看得出他很享受别人专注而善意的眼神。过了一会儿，他拿了一些积木在我面前摆弄。我试探着问他："能给我玩一会儿吗？"在之前互动的基础上，他没有拒绝，但也没有直接答应，而是采用了一个中间策略：把一块积木放在我椅子的边上。在我看来这是一个积极的信号，我很高兴地对他说了声"谢谢"就拿起积木摆弄。之后，我又试探性地问他："可以给爸爸妈妈每人发一块吗？"这对他来说是非常简单的事情，他欣然应允。然后我又试探着问他："能再给我发一块吗？"这次他不但答应了，还直接把积木放在我的手上。由此一个新的游戏便展开了，他一次次跑到自己的房间，找出一堆玩具，给在场的人每人分发一个，如此循环往复，我们只是高兴地回应他、感谢他。他特别有积极性，表情也变得明媚起来，他几乎把所有小件的玩具都拿来分发。最后我们每个人的怀里都抱着许多玩具。我在他家坐了一个多小时，告别时他还不让走，又分发了两轮玩具才算结束游戏。我注意到，游戏玩到后半部分时，孩子热情高涨。他对我们的眼神和问话变得敏感了，会主动看我们，我们问他的话，有一多半都会收到回答。

与这个孩子的互动结束后，我心中五味杂陈。作为一个陌生人，孩子能在短时间内这样与我互动足以证明，只要用对方法，孩子有很大的改变空间。

我将有关此事的文章发布到网上后，一位读者给我留言，内容如下。

刚刚看了这篇文章，恰好发生了一件事。奶奶让孩子快点睡觉，可是孩子在玩游戏，根本叫不动。奶奶让我去收了电脑，我用这个办法，坐到孩子面前叫了他的名字，让他看着我的眼睛，然后问他："现在几点？"他说："不知道！"我就告诉他，现在是晚上 9:30，到睡觉的时间了。他一边听我讲话一边摸着电脑说："我把这一盘玩完了就去。"我把电脑拿开，对着他坚定地摇了摇头，他看着我想了 10 秒，什么话也没说，自己去刷牙了。所以我现在心情非常好。我的孩子也是四五岁，平时的我也像上面讲的家长一样，刚刚只是小试了一把，好有用啊！

我努力想象这个场景，心中很感动，也很感慨。虽然妈妈没有答应孩子的要求，但孩子一定能从妈妈的眼神和态度中感受到真诚与尊重。

孩子越来越不听话，学会顶嘴了，怎么办

要学会请求，而非命令；做好被拒绝的准备

前几天，我在书上看到一段话，关于如何区分命令和请求：请求没有得到满足时，提出要求的人如果批评和指责对方，那就是命令；如果想利用对方的内疚来达到目的，也是命令。读了这段话，我豁然开朗。通俗地说，请求可以坦然接受两种结果：答应或拒绝。命令则只有一种选择：必须服从！我立刻想起了前几天四嫂在电话里和我说的事情。她说儿子鹏鹏现在越来越不听话，喜欢对付大人。让他帮个忙，他却讲了一大堆的道理，很难缠。四嫂举了个例子，让鹏鹏帮忙扔垃圾，鹏鹏会本能地拒绝："凭什么让我做，

你没有手脚呀？又不是我弄脏的，自己的事情自己做！"听了这话，四嫂不免生气数落他。鹏鹏可不是省油的灯，伶牙俐齿地和四嫂"辩论"，到头来反而是四嫂败下阵来。我猜测，此刻的鹏鹏内心难免偷偷得意。于是所谓"顶嘴"的本事愈发见长。

表面看来，是鹏鹏不懂事，让他帮个小忙都斤斤计较，还一大堆的道理。但其实，类似的事情我也曾经观察到过。不管四嫂命令鹏鹏做什么，鹏鹏的反应都是立刻拒绝，而且因为怕妈妈数落他，还会先下手为强，用"你没有手脚啊""自己的事情自己做"之类的话拦住后面的说教。

我在电话中和四嫂沟通，说了我的观察和感受。我猜测四嫂是怕鹏鹏拒绝，所以提出请求时表情严厉，用命令的语气说："鹏鹏，把垃圾扔了。"如果我是鹏鹏，大概也会本能地拒绝："求我帮忙，还这么理直气壮！"

要想改变这种状态其实也很容易，话还是那句话，语气变化一下就不一样了。如果用温暖、柔和，甚至带一点儿俏皮的语气说："鹏鹏，把垃圾扔了！"那种亲切、友好和愉悦的氛围，会让孩子感觉很舒坦。这种情况下，他会觉得帮妈妈一个小忙实在不算什么事。

我自己也有类似的记忆。比如，妈妈让我洗碗，我觉得这个要求也算合理，已经要付诸行动了，结果妈妈对我不太放心，又唠叨了几句："我说你没听见呀，赶紧的！要洗干净点，上次就没洗干净，小心别把碗摔碎了……"听了这几句话，我的态度立马有了转变，坚决不做。说心里话，看到大人的脸上写满挫败，我总有几分暗自得意，有时心里还会替大人"惋惜"：你们这些大人真笨，一点儿都不懂小孩儿的心思！你要是态度好点，少说几句，我不就做了？

在过去的若干年里，我时常被莫名的力量推动着去对抗父母或他人，却没有仔细想过这些对抗的背后到底隐藏了什么情绪。

现在我终于明白了，不管是鹏鹏还是当年的我自己，都不是抗拒帮忙，而是想反抗妈妈那种不容置疑、理所当然、居高临下的语气。我们愿意帮忙，愿意听从妈妈的吩咐，但是，即便作为一个孩子也有最起码的需求，那便是期待被尊重与赞赏。听到妈妈命令的语气，孩子会感觉自己没有选择的余地，一旦拒绝，妈妈会生气，会数落我们；服从的话，又心有不甘，不想屈从于大人的颐指气使。于是便本能地反抗。也许你会说，我们给了孩子尊重与赞赏，他就是不听，那怎么办呢？其实，我们的话并非金科玉律，孩子有选择的权利。如果凡事都要按照大人的意志行事，我们不就成了事实上的"独裁者"了吗？孩子不听时，恰好是大人反思自我的好时机：我们的要求是否合理？孩子是怎样理解的？我们的语气和表达是否恰当？孩子的感觉是怎样的？

当然，如果平时经常命令、指责孩子，就算我们改用请求的语气，孩子还是会理解成命令。这需要一段时间的磨合，在这个过程中，孩子会渐渐认识到，当父母用请求的语气时，可以遵从内心的感觉，自由地选择答应或拒绝，不必担心批评、指责或者其他来自父母的负面情绪。

对于请求的妙处我深有体会。小时候我是个懒人，最怕做家务。叔叔家的弟弟妹妹们等着我出去玩，我却对着家务一筹莫展。于是，我会请求每个孩子帮我一点儿忙，表妹现在还常常提起我那时的"花言巧语"，说当年我把他们哄得团团转。其实，我的言语一点儿都不花哨，只是语气柔和、音调生动，但只是这样，就能轻易地调动孩子的热情，连我自己都惊叹于语音语调的神奇，而且屡试不爽。在我的记忆中，这些孩子做家务非常神速，我们分工协作，在最短的时间内完成任务，一路欢声笑语着嬉闹玩耍去了。

在我看来，请求是亲子沟通的一个捷径。其实每个孩子都是"顺毛驴"，只有我们尊重孩子的愿望和感受，他们才会愿意发自内心地接受请求，每当这时候，他们做得往往比我们期望得还要好。而且我们能从孩子身上感受到他们的愉悦和畅快。如果我们命令孩子，就算他们勉为其难地做了，我们也能从表情和态度上，感受到他们的不满。而且做的时候，还会应付了事、偷工减料。这还不算，对于自己心中的不痛快，他们还总要找机会"还"给父母。

请求时除了需要春风化雨的态度，还要做好被拒绝的准备。我就经常遭到拒绝，特别是曼曼和鹏鹏，他们拒绝得可干脆了。比如，我问："帮个忙好吗？"他们要是不愿意，就会摇摇头说："不好！"两个孩子表情坦然、语气坚定，一点儿回旋的余地都没有。我只好乖乖地说："好吧，我自己想办法。"虽然遭到果断拒绝，但我并不感到难堪。这是因为一方面我做好了被拒绝的准备；另一方面我在否定他们的请求时也同样干脆。相反，每当看到孩子坦然地拒绝他人，既不内疚，也不忐忑不安时，我心中总是无限感动。一个孩子能坦然表达自己最真实的想法，他们的内心放松而舒展，能按照自己的意愿行事，坚持做自己，这不正是我们孜孜以求的教育效果吗？

假设我们命令孩子 50 次，孩子通常会很反感，并且用 50 次对抗来"回报"我们。当然，这个对抗可能是直截了当的，也可能是更迂回曲折的，还可能会滞后一段时间才显现。假设我们请求孩子 50 次，他们也许会拒绝 20 次，答应 30 次。可以想象，主动做 30 次的效果，会远好于被迫做 50 次的效果。如果我们把拒绝仅仅理解为孩子的自主表达，我相信，亲子关系会由"控制—对抗"转为"尊重—理解"。孩子能更主动地做自己分内的事情，我们管理的成本会大大降低，家庭氛围也会更融洽。

我的个人经验和咨询案例都反复印证了这样一个规律：如果总是用尊重的态度和请求的语气与孩子对话，彼此的关系会变得更温馨、愉悦、富有弹性。你会发现孩子根本不用管，仿佛有一股天然的力量在指引孩子的成长。许多心理学家都阐述了这一点：每个人都拥有与生俱来的自我完善的力量。这股力量在条件适宜的情况下会自行推动每个人的成长与成熟。与这股力量相比，我们的命令、控制和强迫，反倒画蛇添足、费力不讨好。所以我们的核心任务，不是怎样控制孩子，而是如何激发孩子的潜力。在必要的时候，我也会运用规则来约束孩子。不过，我尽量不依赖规则，而是不断探索更加柔和、温暖的相处方式。我坚信，好的教育一定蕴含简约之美。

其实，在教育孩子方面，必须用命令的情况也不多。如果平时都用请求的语气和孩子协商沟通，那么当偶尔使用命令的语气时，就会格外有效。当然，请求必须面对"答应"或"拒绝"这两种结果。被拒绝时，即使你没用指责的言语，表情却显得阴郁、闷闷不乐，可能也会引发孩子的内疚。孩子为了讨好父母，会改变自己的行为，勉强答应。如果是这样，那么就算你用了请求的语气，也不是真正的请求，而是变相的命令。

以前有一位妈妈和我探讨，她说不知道自己是怎么变得唠叨的，没生孩子时自己可没这么多话。上文恰好可以回答那位妈妈的疑问。频繁的命令最终会通往唠叨！很显然，频繁的命令会引起孩子的对抗。为了让孩子听话，妈妈只能用更频繁的命令压制孩子，于是就变唠叨了。唠叨是什么呢？说到底，唠叨主要由反复播放的指责和命令组成，这是孩子最为反感的语言。

相信谁都不愿意成为唠叨的人，那么，从今天开始，多请求，少命令吧！

孩子遇到不开心的事，
用发脾气的方式解决问题

—

教孩子平静地表达不同意见，妈妈要做好沟通的榜样

家长日志如下。

早上孩子爸爸问我吃什么早餐，我说："和东东说了，吃麦当劳、真功夫或者喝早茶。"我又说，"很久没喝早茶了，要不喝早茶吧。"过了一会儿，我听到东东发脾气，对爸爸大喊："我不去喝茶，出去，不准进来！"我跑进去一看，他正趴在床上，我问："你为什么对爸爸大叫？"东东说："爸爸要去喝早茶，我不想去喝早茶。"我说："你不想去可以好好和爸爸说，不

需要发脾气。"他说："如果你知道要去麦当劳吃早餐，盼望了一个晚上睡不着，你现在会怎样？我昨天就想去麦当劳吃早餐，高兴得到早上 5 点才睡着，可爸爸一来就说去喝早茶。"我说："那你和爸爸说啊，你就说想去麦当劳，不想去喝茶。"东东说："他不听！"我说："你没说出来，爸爸不知道，你怎么知道他不听呢？"东东说："他就是不听！"我去问孩子爸爸，孩子爸爸说东东没有说自己想吃什么，孩子爸爸只说了喝早茶，东东就发脾气。我说："东东想去麦当劳。"孩子爸爸说："那就去麦当劳吧。"

我和这位妈妈一起分析这件小事。爸爸说去喝早茶，东东听了就直接发脾气。可以感觉到，在日常沟通中，东东不习惯平静地表达不同意见，不知道怎样表达心中的愿望并说服对方。一旦别人的建议不符合他的想法，他马上就会表现出负面情绪。妈妈说："可能因为我们平时对待他的错误时也是带着怒气，所以他也学会了这样的沟通方式。"

其实妈妈也意识到了这个问题，在去吃麦当劳的路上，她就给孩子讲了一番道理："你想吃麦当劳直接和爸爸说就行，不需要发脾气，你说了爸爸才知道，如果爸爸同意你的意见是最好的，他不同意你一定会很失望，但也不要发脾气。爸爸想喝早茶，你拒绝了他，他也会失望，可是他没发脾气啊。发脾气解决不了问题，而且容易给别人留下不好的印象，让你有理也会变得无理。"妈妈甚至还通过某个明星因在媒体面前说错话，前途毁于一旦的例子，告诉孩子要学会控制情绪。

从对话内容来看，妈妈已经把道理讲得很透彻了。不过妈妈并不指望这番话能改变孩子，因为虽然道理已经讲了无数遍，但孩子在遇到不开心的事情时，依旧首先用发脾气解决问题。

我问妈妈："我们能否让孩子在沟通的过程中学会沟通呢？"

妈妈说："他只有能够很好地控制脾气，才有机会学习沟通吧。他一发脾气我们都不理他的。"

这位妈妈说出了很多家长的困惑，当孩子发脾气时，父母会觉得无法和孩子沟通，所以通常都是先不理孩子，事后再讲道理。这样做可以避其锋芒，在多数时候也都是有效的。不过，孩子也要承受双重的不愉快——冲突时被冷落，事后挨批评。我们也不妨具体问题具体分析，在冲突的过程中，寻找解决问题的契机。

我说了我的思路。

第一步，假设你听到这个情况后，来到他的房间，先用平和的态度问清东东的想法："东东，你不想去喝早茶，想去吃麦当劳，对不对？"

第二步，告诉他："今天可以满足你的愿望，不过，你必须好好地和爸爸说这件事。"

第三步，在孩子和爸爸表达了想法之后，还可以追问孩子："今天，你想吃麦当劳，爸爸想喝早茶，结果爸爸满足了你的愿望，和你去吃麦当劳了。下次，你愿意和爸爸去喝一次早茶吗？"

妈妈说："你真行，我怎么就没想到？急着帮他解决了问题，却忘了把解决问题的机会给他。"妈妈说得没错，她做的是替孩子沟通，而不是教孩子学会沟通。我对妈妈说："我们要求孩子'好好和爸爸说'，孩子却很少用这样的沟通方式。尽管方法很简单，但孩子未必会用。你希望孩子怎样好好说呢？"妈妈回答："爸爸，我今天想吃麦当劳。"这样说已经把意思表达清楚了，但还可以再完善一下："爸爸，我不想去喝早茶，我想吃麦当劳，您陪我去吃麦当劳吧！"妈妈说这样听起来挺舒服的，想拒绝都难。是的，我们教孩子用"我不想……我想……请求您……"的句式，把意思表达完整，这样更容易得到许可。

这样简单的一句话，为什么一定要让孩子说一遍呢？在我看来，说教十遍不如体验一遍。此前孩子一直认为爸爸不会陪他去吃麦当劳，但当孩子请求爸爸时，如果爸爸痛快地答应了，孩子自己就可以领悟到，原来把愿望说出来爸爸是会听的。这样既自然修正了孩子原有的认识，也让他亲自验证了"好好说"的效果。并且，这样和颜悦色的请求比发脾气更简单，也更容易达成目标。下次他会主动放弃发脾气的方式。

许多家长都爱给孩子讲道理，甚至会将同一个道理讲十几年，"重播"几千遍。一个道理要讲那么多遍吗？事实上，一个道理讲过三遍以后，我们就不妨反思一下：这个方法有效吗？毕竟天底下没有那么难的道理，也没有那么笨的孩子。当然，如果我们及时反思，及时改变方法，天底下也就没有那么多唠叨的父母。

讲道理的弊端是显而易见的，它最大的问题就是会造成知行分裂。很多家长无奈地感慨：道理都明白，就是做不到。事实上这不怪孩子，讲道理就仿佛在旱地教孩子游泳。我们只是在讲道理，孩子也明白了这个道理，但依然不知道该怎么做。为了获得好的效果，我们容易危言耸听，将危害扩大化，人为地制造恐惧。从体验者的角度来说，听别人讲道理，特别是反复听同一个道理，绝对是一种折磨。所以，我们常会听到孩子说"耳朵都起茧子了"。

在我还是个孩子时，我就非常反感父母讲大道理。通常，他们讲一句，我在心里反驳一句，最后往往是白费唇舌。有了这样的体验，我和孩子相处的时候会尽量避免讲大道理。我发现，如果就事论事地解决问题，把我们认同的道理体现在解决问题的过程中，那么即使我们不多说什么，孩子也能很快学会。在与曼曼和鹏鹏的互动中，我更加坚信这一点。只有在他们完全不懂的情况下，我才会讲道理，而且会尽量讲得通俗易懂。我让孩子直接学习怎样做，让他们通过做的过程自己揣摩其中的道理。自己揣摩出来的道理属于孩子的直接经验，孩子不但可以反复运用这些道理，还可以举一反三。

妈妈问我："孩子为什么老是发脾气？"当天的另一件事情，恰好回答了妈妈的疑问。

这位妈妈的另一段日志如下。

吃完早餐后孩子爸爸说带我们出去玩，东东说不想去。我说："我们可能去捉螃蟹和钓虾，很晚才回来。"东东说："我就是不想去！我玩电脑的时间怎么办？"我说："这样吧，晚上回来给你加20分钟。"他还是拒绝，我一听就生气了，我说："爸爸妈妈有时间带你出去玩，你不去，然后你又说爸爸妈妈都不带你出去玩，都不理你。我们什么时候不理你了？几乎每次叫你出去玩你都说不去，却反倒说我们不理你！"他说："就是不想！"我说："电脑密码改了，电视卡我也要收走了，你在家也没钥匙，不能出门，我们可能要到晚上8点才会回来，你自己想清楚啊！"他见我生气了，于是说："说就说嘛，发那么大火，去就去啊！"然后就穿上鞋出去了。一路上还比较乖，只是晕车时说："我都说不去了，你们又逼我。"

我对妈妈说："刚才，东东认为自己遭到了拒绝，所以他发了脾气。这一次是你遭到了东东的拒绝，看看你自己用了怎样的办法呢？"妈妈说："是啊，也是因为我发脾气，所以孩子才会这样。"我问妈妈："如果你想让他去，怎样说、怎样做，才能达到目的呢？"妈妈说："发脾气。我就是觉得很难说服他才发脾气的，因为这个办法比较直接。"妈妈这句话，也道出了孩子的心声。

我问妈妈："如果说服不了，就允许孩子在家里，还会觉得难吗？"妈妈说："那就不难了，但是会很失望。"很快妈妈又补充了一句，"不过可以给孩子做一个沟通的榜样。"的确，给孩子做一个沟通的榜样，比捉螃蟹重要多了。

妈妈用发脾气、取消看电视和玩电脑的时间要挟孩子，虽然孩子最终去了，但并不情愿。其实妈妈完全可以用更温情的方式说服孩子，比如用请求的语气把孩子放在一个很重要的位置上："儿子，你要是不去，妈妈会觉得捉螃蟹没意思……"后来我和妈妈一起把这个思路完善为："东东，你不去，我感觉……你去了，我感觉……所以非常希望你能一起去。"我们用语言打动孩子，而不是胁迫孩子。如果这样说之后，孩子依然不去，那我们就应尊重他的选择。妈妈又重复了一句："是的，反正尽力了，他不去也由他了，最关键是父母为孩子做了沟通的榜样。"

爸爸没如孩子的愿，孩子发了脾气；孩子不如妈妈的愿，妈妈也发了脾气。将这两件事情放在一起梳理，不用多费唇舌，道理就摆在那里了。

当孩子发脾气的时候，父母们不妨冷静地观察一下，孩子身上有没有自己的影子？大人不发脾气，孩子和谁学的发脾气的本领呢？我们用自己的实际行动教育孩子，才能真正达到"教是为了不教"的目的。如果我们说一套，做一套，通常，孩子就会按照父母做的做，而不会按照父母说的做。如果父母知行分裂，即使讲再多的道理，最终的结果都是零。

孩子有颗牙松动了，不问一句就拔了，孩子闹脾气

一定要用感觉去理解，而不是用理智去分析

家长日志如下。

周六，刘洋说他的一颗牙松动了。我一看这颗牙已经非常松动，旁边一颗大牙已长出来，就建议他拔了。小时候我的牙都是我妈给拔的，我就让他姥姥给他看看。刘洋不同意拔牙，但姥姥一看那颗牙长得太歪了，二话不说一用力就将牙拔掉了。刘洋生气了，大哭，说我们欺骗了他："说好看看的，怎么不问我一句就拔了？"他躲进屋里哭，不开门。我说："姥姥是好意，

她怕告诉你，你会觉得痛！"他说："血流得太多了！"中午让他吃饭也不出来，我们没理他，饿了他一顿。

我问这位家长妈妈："怎样看待刘洋这次闹脾气呢？"妈妈说："我觉得孩子小题大做，虽然大人没告诉他就把牙拔了，的确不对，但也不至于哭成那样，又不是很疼！"我继续问："孩子那样哭，是因为疼吗？孩子当时的感觉是怎样的呢？"妈妈说："可能是觉得被欺骗了，有点委屈，但不至于哭成那样，拔就拔了，而且我们也是为了他好！"

"拔就拔了，而且也是为了他好"，这句话如此熟悉，妈妈的语气也似曾相识，可我却觉得心里凉飕飕的，甚至感到很震惊。我们小时候也曾经被这么理直气壮地"帮助"过，但当时的反感却变成了今天的支持。身份变了，立场也变了，我们忘记甚至背叛了童年的感觉和记忆。我对妈妈说："刘洋的牙，他不同意拔，你们也说'只是看看'，结果就拔下来了。一个孩子，连自己的牙都不能做主，你可以想象一下他内心的感觉。他觉得被欺骗了，觉得你们不尊重他，这才是他哭的真正原因。而这种感觉又让他回忆起了他以前的类似的感觉，所以他才会大闹。假设下次刘洋又有一颗牙松动了，你们要看的时候，他会怎样想呢？"妈妈说："肯定不敢给我们看了。"我继续说："是的，孩子会假定你们要故伎重施，因而会严加防范。无论怎样保证'只是看看'，他也不会再相信你们。在这件小事上，孩子觉得你们不尊重他，这就破坏了亲子间最基本的信任。我记得你曾经说刘洋不省心，感觉亲子双方总像敌人一样。今天这件事情恰好提供了一个很好的注脚。"

此前妈妈反复强调"不至于"，听了这番话她说："啊，没想到这么严重，看来要反思一下了！"

这件事情发生在咨询的中间阶段，此时孩子已经有不少进步，不再为小事和妈妈争吵，脾气也温和了不少。但妈妈还是习惯性地"管"着孩子，用对错判定孩子，没有发自内心地理解孩子的感受、愿望。因此，我总是提醒妈妈，不要总想着管理孩子，而要重视与孩子的相处。如果我们不能在感情层面与孩子联结，就会以"为孩子好"的名义，去做对孩子不利的事情。

亲子之间的信任都是因为拔牙这样的小事在不知不觉间被破坏掉的。这种信任一旦被破坏，孩子就会提高警惕，随时随地审查父母的真实意图。比如，在我们答应孩子一件事情时，孩子首先会确认：你说的是真的吗？你要是骗我的怎么办？这会让大家都生活在一个缺乏信任的环境，都感觉很累，都习惯性地从负面去猜测对方，而且彼此都需要不断地证明自己，这是非常耗费能量的过程。所以，我们不要为了省事，或者以为是小事就欺骗孩子，从长远来看，这是最低效的方法。以上面提到的拔牙为例，如果那位妈妈选择说服孩子拔牙，可能需要一些时间；如果孩子选择让牙齿自然脱落，我们也不妨尊重他。这两种情况都比不经同意直接拔牙好得多。我发现，在一个高度信任的环境中，孩子很少问"真的吗"，因为孩子确信父母的承诺，不会去核对真假。

妈妈问："怎样才能发自内心地理解孩子？"我以拔牙为例，让妈妈站在孩子的角度用感觉重新回忆一遍这件事。我特别强调："一定要用感觉去理解，而不是用理智去分析。就像演员一样，要完全沉浸在孩子的处境中。"妈妈想了一会儿，说："哦，我觉得很委屈，大人不仅欺骗了我，还没人理我，没人管我，以后再也不相信他们了。他们都是骗人的，害得我流了那么多血不说，现在还没人理我，好像是我做错了事。尤其是妈妈，是她提议让姥姥看牙的，她一点儿不遵守诺言……"

妈妈说出这番话让我非常吃惊，此前妈妈说得最多的就是"小题大做"和"不至于"，没想到她能在一瞬间转换自己的立场，进入孩子的感觉世界，把孩子的委屈、失落、孤单、无助都表达了出来。这个细节让我更加确信——只要我们想理解孩子，每个人都可以做到！感觉往往是信息传递的高速通道。如果我们肯放下自己的身段，转换立场，变成孩子，沉浸在他的角色中，感觉会告诉我们，孩子心里到底发生了什么……

现在，大家之所以觉得教育孩子困难重重，最根本的原因就是不了解孩子的内心状态。虽然每天生活在一起，大人和孩子却仿佛活在两个世界。不了解孩子的想法，不理解孩子内心的感受，自然不知道怎样应对。其实，每个人都有换位思考的能力，只要我们放下自己的立场，放下评判的态度，先不追究对与错，而是接纳现存的情绪，走进孩子的内心，孩子的感受自然会浮现。

怎样才能准确理解孩子的感受呢？这显然不是一蹴而就的事情。在我看来，理解的路径很容易说明白，但想要达到精准的程度，则需要反复练习。这很像射击，扣动扳机很容易，正中靶心则很有难度。

与孩子相处，培养一个"预判—印证"的习惯很重要。我在咨询中发现，许多家长对孩子的行为没有预判，因此心中也没有预案。当问题出现时，因为没有心理准备，所以会措手不及。这时候家长特别容易产生负面情绪并把责任推到孩子身上。比如，当我们带一个3岁的孩子去大型超市时，就需要判断一下，怎样防止孩子走丢，孩子弄坏货架上的商品怎么办，如果孩子要买零食玩具是否应该答应……假设将这些细节都考虑清楚，逛超市的过程便会很从容。如果之前没有考虑到这些，一旦孩子出现这些行为，我们就会手忙脚乱并责怪孩子"不懂事"。

另外，我们对自己的教育行为可能产生的后果也缺乏判断，我们经常像这位妈妈一样，将自己童年的认知与经验用到孩子身上，从而做出认为适合他们的事。然而事实是我们经常无意间伤害了孩子。只要设身处地理解孩子的感受，便能找出我们做得不妥的地方，下一次就不会再以"为孩子好"的名义漠视孩子的权利。

想理解孩子的感觉，最重要的是准确。因此要特别警惕一个误区，那便是错误地理解孩子的感觉。当今的教育存在两个偏差，一个是像前文中的妈妈一样过度忽略孩子的感觉，总是用理智判断孩子的对与错、应不应该，对孩子的真实处境缺乏体察；另一个偏差则是过度认同孩子的感觉。从本质上说，这两种偏差都是误判，它们要么夸大了孩子的感觉，要么把自己内心的感觉投射到了孩子身上。这两种误判的产生都是因为不能准确理解孩子的感觉。在咨询中这两种倾向都很常见。很多父母总是不忍心拒绝孩子的不合理要求，孩子一哭闹就感觉孩子非常伤心，明知道是不合理的要求，却一次次地妥协。这种过度理解会导致孩子越来越难缠。再比如，有的孩子每月偷偷花掉很多钱，但父母不忍心解决这个问题，怕伤害孩子的自尊心。这种过度理解孩子就变成了对孩子的纵容。

在教育的问题上，一直处于左右为难状态的家长要么是对自己的教育方法没有信心，要么是不了解孩子。孩子的成长虽然都遵循基本的教育规律，但毕竟存在个体差异。要想准确理解自家的孩子，就要以孩子为老师，在生活中观察、互动，不断地进行"预判—印证"的练习。随着我们对孩子的判断越来越准确，我们才能更准确地理解孩子内心的感受。这时教育孩子就会越来越从容。

✦ 第五节

和孩子玩久了，就开始嫌孩子闹腾，没耐心，怎么办

——

重视每次亲子互动，给孩子充足的情感滋养

　　春节回家过年，我只有 11 天的假期，白天还经常外出。在家的时间，主要用来和 10 个月大的小侄女玩。她是我们家的新成员，上一次见到她，还是 5 个月之前。

　　我刚回家时她居然对我皱眉头，当然，她可能早把我这个 5 个月不见踪影的亲姑姑忘到了九霄云外。我并不急着去抱她，而是用眼神和她交流，对她微笑，过了一会儿我们就重新熟悉了，她很快就允许我抱她。

　　才 10 个月大的小侄女已经学会了不少"本领"，比如打电话、"逗逗飞"

（帮助婴儿练习手指和眼睛灵活度的一种游戏）、躲猫猫、鼓掌等。有一天在和她玩"逗逗飞"时，我用我的食指去点她的食指，然后在地上转了一圈，并回头做了个鬼脸。她目不转睛地看着我，显得非常好奇，然后主动伸出可爱的小食指，与我玩"逗逗飞"，我仍然点她的食指、原地转圈、做鬼脸。她非常喜欢这个新玩法，就开始没完没了地和我玩"逗逗飞"，我不停地原地转圈，并不断变换做鬼脸的方式，她特别高兴，我也很高兴，差点儿把自己转晕了。

没想到，第二天她一觉醒来，首先把食指伸过来，发起了"逗逗飞"游戏。我有点诧异，但既然她如此喜欢这个游戏，我也就继续转圈做鬼脸，她很专注地看着我。我非常喜欢这种互动，虽然她不会说话，但我们用眼神、表情和肢体语言进行的交流也很顺畅。我们也玩别的游戏，比如扔橘子、躲猫猫。我喜欢藏到门后和她躲猫猫，边敲门边唱"小兔乖乖"，她特别兴奋，挣扎着想让家人抱着她去门后找我，我一出来她就"咯咯"直笑。

春节期间家里人多，大家一起逗她。过了几天我问家里人，有没有发现孩子的变化——眼神的定焦能力增强了，总是亮亮的，喜欢谁就不断用眼神追踪那个人，并且表情也更丰富，笑得更灿烂了。

有一天晚上，我正在非常专注地看电视，弟弟悄悄对我说："你回头看。"我回头一看，小侄女用非常热切的眼神看着我，满脸笑容，两个小胳膊不断地扑打着，像小燕子一样。她想逗我玩又不会说，便只能这样表达，真难为她了。见我回头，她"咯咯"地笑出声来，我也被她的可爱样子逗得直笑。对孩子的这种可爱表现，我向来没有免疫力，我们俩互相看着彼此傻笑，感觉好极了。我忽然意识到这可以变成一个游戏。于是我又假装转过头看电视，等几秒钟忽然回头，小侄女又是"咯咯"直笑，这样玩了五六个回合，她很开心。最终她不满足于这样远距离的游戏，朝我爬过来让我抱着她。

每天早晨，我都盼着小侄女快点醒来好逗她玩，谁让她有个调皮的姑姑呢！她一醒来我就过去看她，我不说什么，只是朝她挤眉弄眼。她发现我后，立刻给了我一个灿烂的微笑，这是我们之间的交流方式。陪她玩得多了，她对我的重视程度也在增加。有一天她自己玩橘子，见我过来，就捡一个橘子递给我。家里人也凑热闹，伸手过去，她偏不给。大家觉得好玩就轮番上阵，结果她特别执着，有时候放到别人手上了，抬头看看脸，发现给错了，又拿回来递给我，逗得全家人哈哈大笑。就这样，她执着地把七八个橘子都送给了我。

有一天，弟妹看我和小侄女、小外甥女玩得不亦乐乎，就问我："你和她们玩这么久了，烦不烦呀？如果让我这样和孩子闹腾，我一会儿就没耐心了。"我的答案是"不烦，很好玩"。很显然，从小到大和小孩子玩耍的机会都是我"自找的"，没人要求我必须这样，我选择这样做纯粹是因为喜欢。

我非常珍惜小孩子对我的好。在我看来，小孩子非常慷慨，他们对一个人好，总是会拿出百分之百的诚意，这一点没有几个成年人能做到。正因为如此，这种高纯度的友谊才显得弥足珍贵。为了不辜负这份诚意，我们耐心陪他们玩一玩又算得了什么呢？

我们常常强调对孩子的情感滋养，其实，滋养就体现在每一个互动环节中。游戏只是一种媒介，我们通过游戏传递善意、温情、关注、疼爱，孩子感受到我们的爱，也回馈爱。我们并不只是单纯地付出，我们也会得到回报，被孩子滋养。

和小侄女玩耍让我有了另外一层领悟：假设我们在一个孩子几个月大小

时，就非常重视与他的相处，不因为他还是孩子就轻视他，不敷衍他，就算他们要求很多也认真对待，倾听他的心愿，把他当作大人一样尊重。孩子从父母和亲人那里得到了爱与尊重，收获了关注与理解，他的内心深处就会建立一个牢固的观念：我值得被爱，父母和亲人是真的为我好！那么，等他长大一点儿，教育就变得很容易，因为他总是从善意的角度理解我们的行为，也会欣然接纳我们的建议。相反，如果与孩子的互动从他们小的时候就没有做好，那么，孩子的内心深处就会建立另一个的观念：大人都很可恶，一点儿都不关心我们，总是嘲笑我们，和我们对着干。当孩子把我们放在敌对的位置时，很简单的沟通也会成为冲突的起点。因为孩子根本不信任我们，他们会站在负面的角度理解我们的用意。这时候，说多少遍"我是为你好"都没有意义。

我坚信，良好的亲子关系需要一个不断建设的过程。如果我们希望拥有良好的亲子关系，就不能偷懒、不能任性，要重视每一次亲子互动。教育所有的秘密都藏在这些平淡无奇的亲子互动中。

孩子有了一点儿进步，
如何用孩子喜欢的话夸奖他

—

温言暖语感人心，关注亲子互动的细节

我非常关注亲子互动的细节，比如，孩子说了一句话，我们该怎样回应。一句话可能会扭转局面，也可能会破坏氛围。我们常说的"一言不合"在亲子交流中非常普遍。

有一个孩子很怕写作文，难得某一次他的作文写得不错，妈妈就肯定了他一句"构思快了，而且语句很连贯"。这句话很简洁，也指出了孩子具体的进步。我进一步问妈妈："能否用孩子喜欢的话夸奖他？"妈妈一时想不出，我就把她这句话"翻译"成一句形象的话："你的语句像连珠炮一样，写了一句，还有一句，又跟着一句……这些句子你都是怎么想出来的呢？它们好像排着队出来了，一点儿都不费事呀，你可真能想呀！要是让妈妈想，估计得把我的头发都愁白了……"

这么说有点夸张，也加入了幽默的成分。但对一个害怕写作文的孩子来说，这样大张旗鼓地鼓励他此次的进步是值得的。父母用开玩笑的语气说出来，在肯定孩子的同时也和孩子一同分享了进步的喜悦。"构思快了，语句连贯"这样的话是大人的语言，没有感情和温度，说给孩子听很难达到我们预期的效果。如果用比喻来表达，孩子更容易明白。以后，他写作文时就可以自我鼓励：妈妈说了，我写作文像连珠炮一样，这难不住我。

我们用形象、幽默的话语，点出了孩子最有进步的地方，也放大了孩子的成功经验。这个孩子不但学习困难，而且几乎每天都会被老师批评，加上和同学关系不好，因此极度畏惧学校，每天早晨都不起床。虽然学校就在他家隔壁，但他几乎每天都迟到。有一天他下楼时，有位老奶奶说他"晚点了，以后早点吧"，他说"就晚了一小会儿"。妈妈接着说："一小会儿也是晚了呀！"针对妈妈这句话，我问了一个问题："能否换个角度想一想，孩子在表达什么意思呢？"妈妈想了想说："他感觉只晚了几分钟，以前比这还晚呢。"的确，孩子的意思是，他已经比以前有进步了。妈妈说："哦，应该先肯定他——不错，我们比以前上学早了，但如果再早一点点，我们就能和同学们一起进校门了。"

我和妈妈又把这句话完善了一下，用更具体、更清晰的语言表达出来："儿子，你说的没错，今天你比昨天快了 5 分钟呢，明天要是再比今天快 5 分钟，我们就不会迟到了。明天老奶奶再见到你，肯定得说'哟，今儿个够早的呀'。"

如果我们用生动的语言为孩子"展望"了第二天早晨可能出现的情况，孩子就会设想当时的情境和感受，因而这个虚拟的场景会对孩子产生一种真实的激励作用。

我和妈妈设想第二天早晨，当孩子不愿意起床的时候，妈妈还可以延续这个话题："咱们得快点，让老奶奶知道，我们今天更早啦！"妈妈告诉我，这孩子很爱"表功"，说不定他还会主动和老奶奶说"我今天起得很早"。

孩子每天都迟到看上去是很严重的问题，不过我们心里很清楚，孩子不愿意起床是因为畏惧学校。但迟到就迟到，没关系，我们应该把注意力放在改善孩子在学校的体验上，而不是直接干预迟到这件事情。慢慢地，严重的迟到问题就会自行消失。我常常感慨，孩子的改变不会排山倒海般到来，而是会像破土的小苗一样，悄无声息地冒出地面，细小的进步总隐藏在缺点的缝隙里，特别不易察觉，非常容易错过。孩子的进步时刻都在展现，关键是我们要有一双善于捕捉的眼睛。如果我们总能发现这些细碎的改变，就不会对孩子失望，而是会与孩子一起庆祝进步。

有一个 7 岁的男孩，他在家比较受宠，家里的长辈总是让别的孩子让着他，包括比他大的孩子，也包括比他小的孩子。结果这个孩子在家里总要处处占先，以自我为中心，在学校却又比较胆小。

孩子的妈妈给我讲了一件很小的事情。有一次和他同学家人一起吃饭，他洗完了手就朝他同学 5 岁的弟弟甩水玩，这个 5 岁的小孩子觉得很好玩，也去洗手，回来也向他甩水。但这个 7 岁的孩子却满脸不悦，抱怨"好烦"。妈妈觉得孩子不会为别人考虑，可当时也不知道该说些什么。妈妈说她最容易出口的话就是："你先往别人身上甩水的，你知道不舒服，别人也会不舒服啊！"

妈妈说的是事实，但用这样的语气说出来孩子未必接受，更不要说改变了。我们探讨怎样换一种语气，抹去质问的痕迹，比如："儿子，小朋友朝你甩水，你觉得不舒服了吧？这样确实会不舒服。不过，刚才是你先朝小朋友甩的，其实人家已经不舒服在先了。这时候你再说'好烦'，小朋友会怎么想呢？"

虽然孩子没有替对方着想，但他说的"好烦"的确是他的真实感受，我们不妨先接纳他的感觉，再进一步推己及人，引导他学会换位思考，在行动中体会"己所不欲，勿施于人"的道理。妈妈说："我希望能把你这段话背下来，形成一种习惯。"的确，这是一个说话的模式。如果我们改变回应孩子的模式，孩子会发生很大的变化。

如果孩子有明显的错误，我们会很容易向他发火，并因此错失温柔化解的时机。我们可以中肯地指出孩子的不妥，但不要用指责的语气攻击孩子的不妥。

对于我们要说出的话，不妨先在自己身上体会一下，感觉会告诉我们这句话有怎样的效果。亲子关系并不是完全对等的关系，我时常会用领导与下属的关系打比方，让父母更容易理解孩子的感受。比如有位家长一直对孩子指手画脚，孩子很烦躁，但家长也很委屈，觉得孩子不理解自己的好意。我便问家长："如果领导给你分配一个任务，过一会儿来监督你一下，再来指导你一下，就算他说得对，一个小时内连续指导你七八次，你烦不烦？"这位妈妈立刻明白了孩子的感受。

常常听见家长质问孩子："你为什么把东西弄坏了？你为什么不做作业？你为什么又犯错了……"

家长的责备中掺杂着愤怒，乌烟瘴气闹一通，没几天孩子又"旧病复发"，家长又继续质问"为什么"，并从"女低音"变成了"女高音"。

不过，你会发现，嗓门越来越大，威慑作用越来越小。其实，不妨把"为什么"换成"怎样"——怎样做不会弄坏东西，怎样才能更好地完成作业，怎样避免错误的发生……

父母仿佛是高高在上的审判官，他们声嘶力竭地质问孩子"为什么"，把责任推得一干二净，所有的错都需要孩子一个人扛着。而如果温言暖语地和孩子商量怎么做，父母与孩子则像是一个战壕的战友，共进退，齐心取得最后的胜利。

成长是翻山越岭的艰辛之旅。我们要学会理解孩子的困境并提供有效的支援，他们需要的是教练而不是法官。与追究责任相比，如何改进更有价值。二者的区别在于：一个面向过去，迫使孩子追悔过去；一个面向将来，引导孩子展望未来。

第四章

突发事件的解决路径

和别的孩子玩，别人不听他的，孩子就大哭

坚持原则，教孩子用平和的语言表达需求

有一次，许多人一起去吃饭，出来的时候，我三哥朋友家 12 岁的男孩不知道在哪里拿到一个气球，自己扔着玩。三哥的女儿曼曼看见了，跳着脚哭起来："我也要气球，我也要气球……"

三四个人同时喊那个男孩，让他把气球给曼曼。那个孩子很喜欢曼曼，他很高兴地把气球拿了过来。

这时候，我又"不合时宜"地站出来，示意那个孩子先别给。然后问曼曼："你想要那个气球，对不对？"曼曼点头。我对曼曼说："不用哭，你要

自己去和哥哥讲。"在我的引导下，她说出了这样的话："哥哥，把气球给我吧。谢谢！"然后，男孩把气球给了她。

后来，我和爸爸闲聊起了这件事情。他有点不明白：人家都愿意给了，你为什么非要曼曼说出来？这不是画蛇添足吗？

所谓的"愿意给"，是三四个大人施压的结果。但其实，这件事情并不需要大人的介入，曼曼自己就可以处理，只要她礼貌地和哥哥协商，同样也会得到气球，根本不需要跺着脚哭。相反，如果这次通过大人施压得到了气球，那么下次遇到同样的事情她还会跺着脚哭。

我经常和我三哥家的孩子曼曼及四哥家的孩子鹏鹏玩游戏。一起玩耍的时候，我不会刻意让着他们，也不会因为他们的哭闹而改变游戏规则。相反，如果他们认真与我协商，我会非常重视，尽量满足他们的要求。久而久之，大家都很讲道理，两个孩子习惯了用平和的语言表达诉求，而不是一味哭闹。因此，我们很少发生争执。从长远来说，这份对原则的坚持反而让大家相安无事。

有一次，我们在楼下玩游戏，一个和曼曼年龄相仿的小男孩在旁观，我问他是否参与游戏，他说不参与。等我们开始玩的时候，他又主动参与了进来，当然，我们是欢迎他的。没玩几分钟，他要求大家停下来，说不许玩这个游戏，要玩他的游戏。我对他说："玩你的游戏也可以，不过我们要征求其他小朋友的意见，如果他们都同意，我们就马上改；如果不同意，我们要等这个游戏结束后再玩你的游戏。"没想到这个孩子坚决不同意，他要求马上玩他的游戏，而且态度强硬。我问了其他几个孩子，他们都不同意终止正在玩的游戏，于是我对那个孩子说："大家想把这个游戏玩完，一会儿再玩你的游戏。"没想到，这句话一下子捅了马蜂窝，那个孩子"哇哇"大哭了起来。他的父母听到后也过来了，我简单解释了一下。我注意到，他的父母一直安慰他不要哭，但他的哭声却越来越大，指着我说："你不听我的话，我要杀了你！"

在公共场合，这场面的确让我有一点儿尴尬，不过遵守规则是我坚持的基本原则。在家里，我对曼曼、鹏鹏也一贯如此，不能因为那个男孩是别人家的孩子，就对他网开一面。否则的话，曼曼和鹏鹏也会对我的原则提出质疑。

对于这个小男孩来说，这时候恰好是他学习如何融入同伴群体并学会遵守规则的契机。我发现他的妈妈一直在安慰他"别哭"，但并没有针对这件事情本身给孩子一个很好的建议或引导，甚至没有阻止孩子说"我要杀了你"之类的话。类似的情况其实很常见，我猜测这个孩子在家里处于中心的位置，可以左右大人的意见，并且他在玩游戏的时候，喜欢习惯性地任意改变规则。从他妈妈的态度来推测，以后他与别的孩子玩游戏时，还是会遇到类似的问题。

我也曾遇到过一些孩子，他们让别人帮个忙也会颐指气使。别人问他们问题时，如果他们不想回答，就会用奚落的语气回一句："连这都不懂，笨！"令旁观者觉得不舒服。不过我更愿意相信，他们本人并没有觉得这有什么不妥，因为他们在家里一贯如此，所以已经把这种沟通方式当作常态了。

很多家长和我探讨孩子的合群问题时，苦恼于自己的孩子没有朋友。多数情况下，这都是因为家里的规则与社会的规则不相符。在家里，全家人以孩子为中心，孩子几乎可以为所欲为。这些孩子在小时候，玩游戏只能赢不能输，想要什么必须给什么，想去哪里必须答应，把自己的要求放在第一位，从不考虑其他家庭成员的处境和需求。自己对别人可以态度恶劣，但不允许自己被批评。家长的一味迁就，为孩子营造出了一个虚幻的众星拱月的世界。在家里，孩子形成了几个与社会规则严重冲突的认识：在群体中，我有特殊的话语权；我只享受权利，不承担义务；我需要被包容，但没必要包容他人……

如果秉持这样的观念，当他们进入一个公平的社会环境时，立刻会体验到巨大的失落感——他们会发现自己不再是这个世界的中心，会非常不适应人际关系的相互原则。一群以自我为中心的孩子相遇，必定要陷入权力斗争，而争夺唯一的中心地位会导致彼此的疏离。有的家长甚至以孩子处处占先、对小朋友颐指气使为荣，甚至觉得孩子这种行为是有"领导能力"的象征。其实，孩子只是在控制、支配他人，而这样的行为也必将引起同伴的抗拒和反感。

如果想避免这样的状态，我们不应该实行"双轨制"，而应该与社会规则接轨。当然，迁就孩子是一种简单的方式，也能避免眼下的冲突和不愉快，但这绝对是一种"养虎为患"的教育方式，因为慢慢地，孩子会越来越守护自我中心的位置。

在家里，孩子通过哭闹达到目的，家人往往会因为疼爱而妥协。但是，如果是和其他的孩子玩，哭闹就是无效的策略。如果他将来走上社会，也是通过哭闹、生气、要挟来达到目的，多数人都不会买账。在人际交往中，平和的沟通更容易被接受。

如果孩子一哭闹我们就妥协，那么我们就是在鼓励孩子用哭闹解决问题。这不但意味着他以后要哭无数次，还会给他未来的生活带来更多的挫败。如果我们真的爱孩子，就不要以爱的名义设置障碍。

孩子爱纠缠，妈妈选择置之不理，这样做对吗

—

请及时处理孩子的问题，清晰、明确地回应孩子

孩子发火时，有许多家长说用了"冷处理"的办法解决；等到仔细一问却发现，他们不是"冷处理"，而是"没处理"，至少是没处理完。

今天，有位家长又和我讲了一件事情。昨天孩子很好地完成了作业，要穿溜冰鞋下楼玩，让妈妈给他一元钱买水喝。他又提出口香糖没了，妈妈不置可否，孩子便开始发脾气，还顺便计较说刚才英语多读了 5 分钟。在这个过程中孩子骂了"混蛋"，还用溜冰鞋敲了地板。妈妈给他讲了几句道理，然后说："你又哭又闹，我不想和你说话……"最后妈妈领着弟弟下楼玩去

了。下楼的时候，妈妈还能听见孩子连声骂"混蛋"。

妈妈回来的时候，顺便买了两盒口香糖，本打算教育孩子一番再给他，结果刚带回家便被他发现了。孩子拿了口香糖，便去下军棋。妈妈坐在孩子对面，试图就刚才的事情和他讲道理："你这样对妈妈，妈妈依然爱你，但如果你这样对别人，别人就会不喜欢你的……"孩子虽然也在点头，但眼睛一直没有离开军棋。妈妈觉得孩子只是在敷衍，心中难免恼火。

孩子发火的时候，妈妈避其锋芒不理他，并且离开孩子，这种做法特别容易被当作"冷处理"。我反问妈妈："假设你和老公发生矛盾，吵架吵到一半，他转身离开留你在原地，你会有什么感觉？"妈妈说："我会更生气，一直骂他。"我又追问了一句："孩子是否也有这样的感觉呢？"

"冷处理"是相对于"热处理"而言的。遇到问题，我们不要因被情绪主导而指责或者打骂孩子，但是我们也不主张回避问题、忽视孩子。

在我看来，"冷处理"不是置之不理，而是用一种冷静的方式处理事情。前文中的妈妈还算冷静，但她没有把事情处理完。

首先，孩子说口香糖没有了，妈妈没有回应。这位妈妈说，根据以往的经验，她担心孩子发脾气纠缠她。另外她觉得孩子有零用钱、春节的红包，并且根据家里的规定，孩子还可以通过擦玻璃、拖地板赚钱。她希望孩子用自己的钱买口香糖，但她没有将这个意愿说出口。因为这个先入为主的判断，妈妈选择了回避、不置可否，而恰恰是这个判断导致孩子纠缠不休。不管是否同意给孩子买口香糖，或者是否决定让他用自己的钱买，都要清晰明确地回应孩子。清晰地回应孩子反倒能降低被他纠缠的概率。既然之后可以一次性给他买两盒口香糖，当下为何不痛快地答应孩子呢？这样也会免去后面的一系列问题。

我继续和妈妈讨论：孩子抱怨英语多读了 5 分钟，骂"混蛋"，用溜冰鞋敲地板，要不要处理孩子的这些行为呢？妈妈怕事态扩大，当时没理他，回来的时候带回了两盒口香糖，孩子会产生怎样的联想呢？他可能觉得骂"混蛋"、用溜冰鞋敲地板是有效的策略。妈妈买了口香糖给他，而且是两盒，超出了他的预期。以后他极有可能不断重复这个策略。妈妈害怕孩子纠缠，仔细推敲却发现，恰好是妈妈的回应方式养成了孩子爱纠缠的习惯。妈妈的处理方式也可以非常简洁："这件事情与读英语无关！你想不想要口香糖？想的话，为骂人的事情向我道歉，穿好溜冰鞋，我们下楼去买！"

最近几年，我有一个体会越来越深切：如果事情处理得当，根本不用讲道理。因为道理已经体现在亲子互动的过程中，也会根植在孩子的行为中，因此孩子不会产生知行分离的问题。相反，如果当时没有处理，或者像这位妈妈一样，事情还没有处理完，就带了两盒口香糖回来。虽然这并非妈妈的本意，但这种做法本身就是在变相鼓励孩子骂人、纠缠。即使事后再讲道理告诉他"不能这么做，以后大家不喜欢你了"，孩子也会听不进去，因为他从妈妈的行为中得到了一个完全相反的认知，这必然会使孩子产生知行分离的问题。当我们抱怨孩子"道理都明白，就是做不到"时，不妨回想一下，自己当时把事情处理完了吗？是不是仅仅在事后给孩子讲了一堆大道理？事后的道理和处理过程中所传达的信息又是否一致呢？

在教育中也常常存在"计划没有变化快"的情况。妈妈本来打算和孩子谈清楚后再给口香糖，结果提前被孩子发现。孩子得到了口香糖，并且被军棋所吸引，肯定没心思听妈妈的长篇大论。所以，当时妈妈应该及时调整策略，比如，等孩子下完军棋再说，或者把要和孩子说的话压缩成一两句，非常简洁地表达给孩子，效果会更好。

事情处理一半就把孩子扔下是对孩子极大的不尊重，这会让孩子觉得自己在父母心中无足轻重，感到自尊受挫，并产生强烈的愤怒。这也是孩子后来连声骂"混蛋"的重要原因之一。

所以，冷处理不等于不处理，及时解决孩子的问题，而不是置之不理，这是教育孩子过程中不可缺少的步骤。

孩子没得到玩具，大喊大叫地闹腾，还摔东西

把争吵化作"笔录"

有一位深圳的家长，她家有两个男孩，哥哥9岁，弟弟6岁，平时孩子的舅妈在家里帮忙做饭。有一天，这位家长外出归来，得知家里发生了让人哭笑不得的事情：孩子的舅妈、哥哥和弟弟三个人吵起来了！

这下热闹了，她回家后，孩子的舅妈先对她讲了事情的经过。大致的情况是，弟弟给一位亲戚打电话，本来是问候一下，后来提到想要一个玩具，那位亲戚说最近不会去他家，没办法带给他。舅妈觉得孩子这样做不礼貌，就让他挂了电话。弟弟没能得到玩具，就开始闹腾，大喊大叫并摔东西。舅

妈和哥哥制止了他，当然也少不了要批评他。这个过程比较曲折，总之最后乱作一团。

这位妈妈还算沉得住气，听了舅妈的描述之后一直沉默，弟弟也假装无事，绝口不提。到了吃饭时，弟弟绷不住了，开始说这件事情。他重点强调舅妈和哥哥如何对付他，至于他做了什么则一带而过。妈妈见此情形，觉得三言两语说不明白，就灵机一动，对弟弟说："既然如此，我找来纸笔，把这件事情记录下来，看看你舅妈和哥哥都做了什么。"

于是，弟弟描述过程，妈妈一边记录一边澄清。比如，他说哥哥训斥他，妈妈就会追问他，哥哥是因为什么事情训斥他，哥哥是怎么说的，又是怎样做的，然后与哥哥核实。就这样，所有的细节都被呈现出来。妈妈说，这个记录整整用了两页 A4 纸，足见"案情"之复杂！

把整个过程弄清楚后，妈妈找来一支红笔开始点评。弟弟主动给亲戚打电话，说明他很有礼貌，但不应该这样要东西，更不应该在挂了电话之后还闹腾，首先是他的不对。当然，舅妈和哥哥也有过激的语言和行动。妈妈像一个审案的法官一样，将所有的细节分析了一遍。

比较有戏剧性的一幕出现了，弟弟说："妈妈，你说的一句话，让我特别感动，你说舅妈都生病了，还给我们做饭。现在，舅妈说的有道理，我还不听她的话。妈妈我错了，舅妈很辛苦的。还有，妈妈生病的时候，还送我们上学，我也很感动……"说着说着，他的眼泪"稀里哗啦"地下来了。

妈妈感到非常意外，一方面没想到这么小的孩子会说出"感动"之类的话，还泪如泉涌；另一方面是因为孩子与此前的表现大相径庭。半个月前这位妈妈还给我打电话，苦恼于弟弟的死不认错，哪怕人证物证俱在，他也会矢口否认，给他讲道理也基本说不通。我帮她分析，这和家人对弟弟的否定有关，比如，无论弟弟说什么话，哥哥都会马上说："不对，你说错啦，不是这样的！"弟弟说了幼稚的话，全家人觉得好玩，也会笑他，甚至拿这些话题开玩笑。家里人并无恶意，但弟弟却觉得被奚落、被嘲笑，导致弟弟不肯认错，哪怕说他裤子穿反了，他也死活不承认。吵架的事，如果不是记录下来，按照弟弟一贯的做法，他肯定会一口咬定是舅妈和哥哥不对，自己没错。

这位妈妈说她这么做是受了我的启发。我说："虽然给你出过很多'馊主意'，但好像没这么一条哦！"她说："你是没直接说，可你不是让我写日志，把整个过程记录下来吗？我这不是活学活用嘛！"我打趣道："哈哈，知识产权归我哦！"

通常，我会让找我咨询的家长每天记一个类似流水账的日志给我，我通篇看一遍，在最短的时间内抓住重点，做到心中有数，这样可以做到有的放矢，大大减少跑题的可能性。但这个办法还从来没用在孩子身上，这位家长倒是做了很好的尝试。

对于比较复杂的问题，落在纸上至少有三个好处。

首先是能把倾听与评判清晰地分开。如果只听几句就评判孩子，孩子会本能地回避问题，不讲真话。这样做不但容易引起对抗，还特容易跑题。如果先让孩子把整件事情讲清楚，孩子能平静地诉说，这也是纯粹的倾听。这个描述的过程呈现了事情的原貌，不但紧扣主题，而且能抑制双方的坏脾气。说完了，也让双方度过了情绪爆发的危险期，让彼此的状态都归于理智。这对于爱发脾气的人来说是个很好的缓冲。而且，我们做出倾听的示范，孩子才能更好地倾听他人。

其次，孰是孰非，一目了然。这位家长和孩子的舅妈开玩笑："如果光听孩子的一面之词，以为你在家欺负他了呢！"再小的孩子也懂得自我保护，总是会突出自己有道理的地方，并指摘对方的不是。如果双方各执一词，就很难沟通。记录所有的事情会使整个事件一目了然，双方的是非都清晰明了，谁也没法否认。

最后，对孩子来说，这是培养客观性与条理性的好契机。孩子的思维更具主观性，不易看到事情的原貌。如果让孩子描述一件事情，他通常会描述自己印象深刻的细节，但未必是重点，说了半天，听的人还是一头雾水。如果写出来，则是一种全面呈现，孩子也能渐渐明白描述一件事情应该遵循怎样的线索。这个方法同样适用于和孩子有争执的情境。你会发现，如果把孩子的观点记录下来并核实清楚，然后再说出自己的观点和建议，孩子更容易理解。

孩子遇到不会的事情，
总是推卸责任、埋怨他人

——

教孩子学会坦然面对自己的"不会"

有位家长在日志中记录了这样一件事情。她开车带孩子回家，到车库时让孩子去开车位上的锁。这个孩子现在读小学六年级，这是他第一次开车位上的锁。他下车时是高高兴兴的，然而很快就遇到了困难——锁怎么也打不开。这时他开始发脾气，埋怨妈妈，其中有一句话是："这本来就不是我应该干的事情……"

此时恰好保安看见了，就帮忙开了锁。妈妈停好车，然后回家。这个孩子比较爱辩论，在大人看来，孩子的话常常是狡辩，让人觉得比较难缠。经过我们多方的共同努力，他的难缠指数已经下降了不少，这次发脾气，妈妈没有理他。

以前，他一纠缠，妈妈便会和他辩论，结果总是被孩子说得无言以对，孩子常常在这种时候表现得很得意。现在，妈妈不理他，他的"辩才"也没了发挥的余地。

我还是忍不住追问："不理他虽然是很有效的方法，但是不是最好的方法呢？"

妈妈沿着这个思路想下去，首先想到的是，如果自己非要说点什么，肯定要强调这就是他应该干的。

我跳开这个思路，问了妈妈另外一个问题："通盘考虑这件小事，你觉得有哪几个点是必须处理的？"这一问把妈妈问迷糊了。她没有正面回答我的问题，只是说了她打算怎样处理。她的切入点还是强调这件事情就是孩子应该干的。

我不依不饶地问："这件事情有几个点是必须处理的？是否有必要强调这是孩子应该干的，这个地方是重点吗？"妈妈回答："不是重点，也是次重点吧。"我追问："是次重点，还是非重点？"妈妈半开玩笑地回了我一句："杨老师，我怕你啦！"

回头看看这一段，我也觉得自己很过分，仿佛都把人家逼问到了角落，还是不肯善罢甘休。

在我看来，这件事情有两个重点：一个是孩子不会开锁，需要学习；另一个是孩子该如何对待不会的事情。孩子第一次开车位锁，不会开很正常。值得关注的是孩子对待不会的态度——他不是直接说出来请求帮助，而是推卸责任、埋怨大人。"这件事情本来就不是我应该干的"这句话不过是他的一个说辞。

开锁对大部分人来说是很简单的事情。如果他肯学，当时教他就可以；如果他当时不肯学，事后教他也无妨。所以，这件事情的重点是：遇到不会的事情应该怎么办？对于这个孩子来说，大道理他肯定听不进去。所以我建议妈妈说三句话："如果你不会开，直接告诉我就行了，我来开。对于这件事情，你没必要纠缠于应不应该，也不用发脾气。"

具体的说法和语气可以根据当时的场景来调整。如果他脾气很大，就可以稍微强硬一点儿；如果他仅仅是抱怨了几句，这些话完全可以说得很柔和。我反过来问这位妈妈："为什么仅仅是这几句，而不是别的？"我让她分析每句话的用意。从分析来看，她并未完全理解事情的重点。这件事情的重点是让孩子学会坦然面对自己的"不会"。如果孩子遇到不会的事情时总是推卸责任、埋怨他人，我们就要追踪一下自己对孩子的态度，以及孩子由此形成的观念。有些人在孩子遇到不会的事情时，会随口说"这都不会啊"。这样的话看似轻描淡写，在孩子听来却是很严重的否定和责备，因为言外之意是孩子很笨，该会的都不会，这会让孩子感到非常难堪。

遇到不会的事情，孩子需要学习、需要尝试，在这个过程中孩子难免犯错。这时，我们如何对待孩子的错误也很关键。我见过许多这类家长：如果孩子连续学几遍都不会做某件事，他们的挫败感会比孩子更严重，并且往往会严厉地责备孩子，挑剔孩子的态度，埋怨孩子心不在焉，甚至对孩子大发脾气。我们在用行动告诉孩子：不顺利的时候，请放纵自己的挫败感，可以随便推卸责任，也可以暴跳如雷。

孩子做错了，我们有责任指出来，但关键是我们指出错误的方式不能伤害孩子的自我价值感。理论上，我们都知道应该"对事不对人"，但我们的行动往往是"对人不对事"。不管是"这都不会啊",还是严厉的责备,都表明我们的关注点并不是具体的错误,而是孩子本人:你很笨,你态度不端正,你不用心,你让人感到厌恶……通俗地说,我们表达给孩子的意思,并不是你做错事了,而是你这个人错了——"你不是好孩子"。这种情况下,孩子的关注点也会偏离错误本身,他想的不是怎样改正错误,而是怎样证明自己是"好孩子"。证明自己是好孩子的最佳途径就是推卸责任,如果把自己的责任推得一干二净,自己就是"好孩子"了。许多人直到成年,"对人"和"对事"都是粘连在一起的,自己犯了错便觉得自己这个人错了,要承受沉重的挫败感,因此会本能地推卸责任。如果别人做错了事,也会怨恨那个人。

我们都希望孩子能勇于承担责任,但这有一个前提,那便是孩子可以坦然面对错误。因此,我们对待错误的方式要限定在错误本身,要关注怎样改进和怎样学会,不蔓延,不进行人身攻击。我小时候也常常这样,不会的不敢问,怕被别人嘲笑。直到最近几年我才愈发明白:不会,学会就是了。一遍不行就学一百遍!只要不厌其烦地想办法,没有学不会的知识。我在咨询中发现了一个非常有趣的地方:就算大人愿意改变,也经常要连续错 6 次以上才能完全改过来。因此,我们不要苛求孩子错一两次就学会。

回到开锁这件事情。家长的第一句话就应该让孩子明白,不会可以直接说出来;即使说出来,他得到的也会是理解而不是奚落。"这本来就不是我应该干的",这句话虽然仅仅是一个说辞,但我们还是要澄清一下。澄清的重点不是争辩是否应该干,而是直接告诉他没必要争辩。从前文来看,妈妈两次的切入点都选了这句话。这句话火药味浓重,听上去就是明显的抱怨。如果继续和孩子辩论,彼此都很难说服对方,牵涉的话题可能会越来越多。

精准回应｜让孩子养成自主自律的好习惯

妈妈可能会说得更多："我每天辛苦赚钱给你花，给你做饭，陪你做作业，你说这是我应该做的吗？要不以后我不管你了……"

当然，我们也发现很多人能根据这三句话衍生出 30 句话，似乎是掰开了、揉碎了给孩子讲道理，以为这样孩子能听得更明白。但这样做不仅很明显地低估了孩子的理解能力，还有两个弊端：一是话太多，孩子一时反倒会抓不住重点，甚至片面地理解了大人的意思；二是孩子听烦了会直接屏蔽所有的话，结果相当于没说。这两点也恰好是唠叨的弊端。

我们不妨设想一下，如果将这三层意思用最简单的三句话表述给孩子，接下来也不再说什么，那么这个沉默的时刻就恰好是孩子消化吸收的机会。安静下来后，他也会反省自己的行为，对比妈妈的态度和自己的表现，之后就会知道该怎样做了。

孩子在成长的过程中，通常很少会经历轰轰烈烈的大事。孩子成长质量有所不同的大部分原因在于这些小事。教育无大事，教育也无小事。10 年前，在阅读教育书籍时，我被其中的教育观点感染，也曾激情澎湃。随着阅读的深入，尤其是当我接触到越来越多的咨询案例后，也越来越感慨：教育理论都是知易行难。我们很容易理解尊重、自由、平等、倾听这些理念，但是怎样将这些理念体现在每个教育细节中，则是最有难度的。尤其是遇到突发事件，想在矛盾冲突中体现这些理念，就更有难度。相信这也是家长们最困惑的地方。这几年，我非常关注教育的精准性，追求点到为止、恰到好处，而不是过度教育。当下我们容易焦虑，总想教育得彻底一些，结果往往用力过度，起了反作用。

与孩子相处的过程中，在遇到突发事件时，我们首先要有看向全局的观念，抓住主要问题，而不是被最突出的细节牵绊，陷入次要问题的泥潭。突发事件并不全是坏事，它完全可以成为良好的教育契机。我们能够通过处理这一件事情，最终解决这一类问题。比如处理了孩子因为不会开锁而推卸责任、发脾气的事情，今后孩子就学会了怎样面对不会做的事情。孩子通过这件事情形成了一个新的观念：遇到不会做的事情，最好的方法是直接问。这也是一个值得赞扬和欣赏的好习惯。

课外辅导课上到一半，
孩子趴在桌子上不理老师

——

想守护亲子间的公平，要先认可孩子的积极行为

有一天傍晚，我接到好朋友的电话，说她老公出差了，问我要不要去她家住。我立刻同意，还开玩笑说这是"鸠占鹊巢"。

到朋友家的时候已经是晚上 9 点了，看到她和孩子的数学辅导老师正在谈话。一问才知道，老师给她儿子辅导数学，中途孩子说眼睛疼，消极怠工，最后索性躲回自己的房间，说什么也不学了，数学课只好中断。

老师走了之后，我们再次聊起这件事情的前因后果。原来，学校开了家长会；开会之前朋友发现没带手机，也没有老师的电话，就对孩子说："应该给数学辅导老师打个电话，告诉他今天我们开家长会，回家会很晚，这次课就不上了。"结果母子两个人都没有给老师打电话。家长会结束后，这位妈妈才想起这件事情，赶紧向孩子爸爸要了老师的电话，电话打过去才知道，老师已经在她家楼下等半天了。

他们只好匆匆赶回去。在路上，孩子就说不想上课了，然后又提出周五晚上例行玩电脑的时间要补给他。朋友回了一句："你就玩电脑积极！"

虽然很不情愿，但孩子回到家立刻就开始上数学课，连晚饭都没吃。上了一半，他说眼睛疼，累了，就趴在桌子上不理老师，怎么劝说都没用，最后自己回了房间。

朋友很郁闷，根据以往的经验，孩子一遇到批评就会起急，但这件事情又不得不说。我想，孩子并不反对说这件事情，关键是怎样说。

我帮朋友分析了事情的来龙去脉：给数学老师打电话的事情朋友已经想到了，但是没有打电话，也没有要求孩子打电话，因此责任大部分在朋友身上。家长会之前朋友说不上数学课了，估计孩子心里已经很放松了。家长会结束后匆匆赶回家上课，孩子肯定会失望，难免不情愿。即使不愿意，孩子还是上了课，而且连饭都没吃，从态度上说是很积极的。孩子中途说累了，估计是事实。当然，没有好好向老师解释且不理老师，这肯定不妥，何况老师还等了他那么久。既然每周都有玩电脑的时间，那么孩子要求补回玩电脑的时间并不过分，不妨答应孩子。说孩子"就玩电脑积极"是在暗示孩子学习不积极，有责备的意思，没必要说这句话。

从表面上看，孩子中断上课、直接回房间是一个明显的"过错"。作为父母，特别容易盯着这一点批评孩子，给孩子讲一番爱学习、懂礼貌的大道理。根据朋友以前的经验，这样说教孩子一定会遭到他的抗拒，这也是孩子脾气急躁的原因。从前因后果来看，朋友也有责任。何况孩子也有积极的表现，不能因为中断上课就把责任全部推到孩子身上，否定孩子的积极行为。

于是我们梳理出一个思路：朋友首先承担自己的责任，并认可孩子的积极行为；针对孩子做得不妥的地方，点到为止地指出来，同时提出改进建议。

我建议朋友第二天这样对孩子说：

"儿子，昨天没有及时通知老师，是妈妈没做好。

"你虽然不愿意，但是回来后立刻就开始上课，连饭都没吃，说明你很懂事，妈妈心里也很过意不去。

"上课中间你不想上了，趴在桌上不理老师，后来又回房间不出来，这就是你的不对了。你看老师大老远过来还等了你那么久，浪费了老师那么多时间。你中断学习，老师心里该多难过呀！不过妈妈发现你后来很平静，估计你也认识到自己的错误了。

"玩电脑的时间，既然每周都有，我想了一下，还是补给你吧，40分钟。不过妈妈也希望下次上课时，你能给老师道个歉。"

周六吃午饭的时候，妈妈对孩子说了这番话。孩子的表现和往常有很大的不同，他没有抗拒，而是很平和。说到回房间的事情时，他主动说，其实回房间后他也觉得不对，应该主动和老师商量是否可以这次少上一会儿课，下次再多上一会儿。

说到老师等了那么久时，朋友的话太多了，有唠叨的嫌疑，所以我赶紧帮她说出后面一点。在朋友把话说完后，孩子同意向老师道歉。

从孩子的反应来看，其实他很通情达理。当我们承认自己的错误并承担自己应该承担的责任时，孩子也会变得坦率而有担当，会直接承认自己的不妥。孩子能坦然承认自己的不妥，我相当意外，也相当感动，并且我发现孩子的反思甚至比我们更深一点。显然，如果我们不是一味地责备孩子，其实孩子会自动改正自己的错误。

我这个朋友说话时，稍不留神就会带出责备的意思。比如，一天晚上她推开孩子的门说："你怎么还不睡觉？"

之后，我悄悄地提醒她换个语气："儿子，睡觉啦！"

她马上意识到了，说自己总是这样，孩子很敏感。她一责备孩子就对抗，然后就容易引发"战争"。

如果家里有多个孩子，我们就非常强调父母要守住公平。其实与守住孩子们之间的公平相比，守住亲子之间的公平更有挑战性。

站在父母的立场，在守住孩子之间的公平时，父母很像裁判。而在亲子之间，父母既像裁判，又像球员。这时候，父母容易动用天然的特权压制孩子。为了避免这种倾向，需要为父母者时刻反思，充分自律，否则就成了"只许州官放火，不许百姓点灯"。家长往往忽略自己的错误，只盯着孩子的错误不放。孩子自然会觉得不公平，会不断抗争。这种情况也恰好是孩子最反感的。

这件小事之所以让我如此感动，是因为我在孩子身上看到了另外一种可能。孩子并非不讲道理、死不认错。他是用自己的急躁和抗拒，反对父母的不公平，而不是反抗这件事情本身。我们总以为孩子不讲道理，但其实，如果我们和孩子讲道理，他也会愿意和我们讲道理。对双方而言，这都是最轻松的方式。

遇到突发事件时，全面而客观地看待自己和孩子非常重要。亲子之间之所以起冲突，往往是因为父母利用特权，无限缩小自己的错误，无限放大孩子的错误。如果能跳脱自己的立场，不一直努力证明自己总是正确的，这些事情反而很好解决。今后孩子面对突发事件时，也会积极弥补，而且孩子看待任何一件事情都会比较客观，不偏执。

遇到突发事件，首先要找积极因素，这非常关键。如果我们不分青红皂白地一上来就像连珠炮一样批评孩子，后果可想而知。如果先肯定孩子几句，气氛会立刻变得不同。即使指出孩子的错误，也没必要疾言厉色，更不需要带着责备和愤怒。温暖的话语是亲子关系中永远的润滑剂。

我坚信，每个亲子间的冲突都有完美、双赢的解决方式。

✦ 第六节

孩子在学校没完成作业，
被老师批评
—

先抚慰孩子的情绪，满足孩子的需要

家长日志如下。

今天接孩子，老师说只有两个学生所有作业都没有完成，其中就有我女儿。老师说，昨天考试时他仔细观察过孩子，发现她写字的确慢，拿笔姿势不正确，而且注意力不集中。

虽然做好了孩子可能会反复出现问题的准备，但问题真的来临时，我的内心还是有些生气。对我来讲，控制情绪的确是一件尤为困难的事情。

孩子很敏感，虽然我尽量控制，但情绪还是被她看出来了。"你有些生气了，"孩子说，"爸爸回来你一定不能和他说我被留下写作业的事情。"我答应了。

做口算题时，孩子说太难了，要求先听英语，很快又说先做几道口算题再听英语，又问我："一边听一边做行吗？"反反复复纠结先做什么之后，孩子在我搜网址时赶紧做起了口算题。听完英语后，孩子把剩下的口算题做完了，我表扬她会利用时间。

因为下周要期中考试，我建议孩子今天做一张"黄冈小状元"，孩子很干脆地说不行。后来我再让孩子做练习时，孩子并没有不做。做到第二题，孩子就开始很不耐烦地喊："这是什么意思啊？我不明白……"这时候，她爸爸打电话回来。她又说："别告诉爸爸，我一定认真写。"做完一道题，我让她看着我，告诉她："这样才叫动脑筋想问题。"孩子却马上反击，说我乱发脾气，接着又用各种抱怨和指责发泄不满，显得很强势。其实我也知道整个失控的状态是由我的处理不恰当引起的，而最根本的诱因是我不能从内心接受她有一点儿不好。

而后孩子追到我的房间。我对她大吼了几句，告诉她我真的很生气。虽然我已经很生气了，但我还是忍着心中的不快抱了抱她。那时候，孩子虽然依然很大声地说我，但明显感到她想接近我。之后，孩子很快平静下来了，也向我道歉说她不对。

此前，孩子写作业的速度快了不少，也很少被留在学校写作业。虽然妈妈做好了心理准备，知道孩子的状态会有反复，但真正面对时，心里难免恼火。孩子很敏感，知道妈妈生气了，并希望妈妈不要把事情告诉爸爸。

妈妈的情绪传染给了孩子，孩子做作业时显得很烦躁。妈妈夸奖孩子会利用时间时气氛有所缓和。接下来，妈妈提议做一张"黄冈小状元"，孩子很干脆地说"不行"。刚刚缓和下来的气氛，又开始趋向紧张。

我问妈妈："因为下周要考试，加上今天孩子被留下来，你是不是特别希望她回来认真写作业，多练习一些内容？"妈妈说："是。"我继续问："你的愿望是很好的，但这个时候是提出愿望的最佳时机吗？"妈妈说："不是。"

此时此刻孩子被负面情绪包围，随之也产生了一个任务——抚慰孩子的情绪。妈妈心中还有另外一个目标——多做练习。这两件事情孰先孰后呢？从理智上讲，我们都知道应该先抚慰孩子的情绪，但在实际做的时候，我们却习惯性地盯着自己心中的目标，忽略了孩子的需要。结果孩子的需要得不到满足，妈妈心中的目标也很难实现，造成了"双输"的局面。所以，不妨先把"多做练习"这个目标放一放，让孩子完成当天的作业即可，重点留心孩子的情绪起伏。

对于"黄冈小状元"的练习，孩子虽然口头上抗拒，但还是做了。我问妈妈："你怎样看待孩子这个行为呢？这算不算一个实质性的妥协呢？"妈妈说："当时没意识到，现在想想应该是。"我继续问："如果你当时意识到了这是一个妥协，你会怎样做呢？"妈妈说："我会表扬她、关心她，并且会认错，告诉她妈妈刚才也不对。"

这是缓和冲突的第一个契机，虽然孩子心里也很不愉快，但并未打算对抗到底，她做了妈妈要求的题目。即使孩子用了一种非常隐蔽的方式，也算是首先伸出了橄榄枝。如果妈妈用积极的态度回应她，当时的氛围便可缓和。

孩子的爸爸打回电话时，孩子再次提醒妈妈不要告诉爸爸，她会认真写作业。我问妈妈："这算不算第二个契机呢？"妈妈立刻说："算啊！"我问："这个契机怎样运用才能将效果最大化呢？"妈妈说："告诉孩子，认真做作业，爸爸会表扬你的。"我又问道："她让你不告诉爸爸，其实是让你帮她隐瞒。偶尔一次可以理解，但如果养成一直隐瞒的习惯就不好了。答应她的要求时你能否顺势提一个要求，这个要求既能缓和气氛，又能避免一直隐瞒下去？"这听起来比较难，其实也不难，我说了一个思路："好，你认真写，这次我保证守口如瓶，绝对不告诉爸爸。不过，妈妈希望你以后在学校尽量抓紧时间，不然妈妈也不能每次都帮你隐瞒。再说了，如果爸爸去接你怎么办呢？"妈妈感叹："教育孩子，真是一门学问！"

两个缓和冲突的契机妈妈都错过了，又说了句不该说的话，孩子终于爆发了。"这样才叫作动脑筋想问题"，这句话如果放在平常的语境中，就是单纯的表扬，但在冲突的情境中，则隐含着批评的意味，言外之意是说孩子之前根本没有动脑筋想问题。我问妈妈："你的本意是夸她吗？"妈妈说："夸奖和批评的意思都有。"妈妈这样说，孩子可不这样听，孩子把这句话理解成了纯粹的批评。

在这件事情中，妈妈因为孩子被留下来而生气，但当时并没有问清原委。事后得知，是因为老师让孩子重写了一项作业，导致后面的作业都延迟了。引发冲突以后，虽然有两个很好的缓和冲突的契机，但都被妈妈错过了，最终导致双方的情绪爆发。

其实每个孩子都不愿意主动陷入冲突，在冲突的过程中，孩子并不完全是被动的，也不会为所欲为、胡搅蛮缠。相反，他们会寻找化解冲突的办法，或者适当妥协。关键是，我们要识别出孩子的努力，这些努力往往是细微或不易察觉的。每个冲突事件中通常都隐含着几个不起眼的转机，如果我们能及时捕捉这些微弱的信号，跳出当下的情绪，理智而积极地回应孩子，很多冲突都可以大事化小、小事化了，从而避开不可收拾的局面。

孩子和小朋友互换玩具又反悔，怎么办

———

首先没必要马上干涉；若要介入，也要找好切入点

这是三嫂和我说的一件事情。有一次三嫂带曼曼去麦粒儿家。曼曼是我的小侄女，麦粒儿是朋友家的孩子，两个孩子我都很熟悉。两个小朋友在一起玩儿，曼曼将一个东西放在两个人中间，说那是她的"宝石"。过了一会儿，麦粒儿就把这个"宝石"据为己有，不过同时，她把一个贴纸给了曼曼。

又过了一会儿，麦粒儿反悔了，想要回贴纸，但坚决不归还"宝石"。曼曼不答应，麦粒儿便哭了起来。三嫂调解的方法非常温柔，试图说服她们双方。结果曼曼不给贴纸，麦粒儿非要不可，一直在哭。后来三嫂想出一个办法——用抛硬币来解决纷争，可是两个孩子都不接受。最有意思的是，三嫂大概实在没办法了，便说如果麦粒儿答应，就拿这个硬币给她们买零食。

矛盾解决到这里，已经离题万里了，三嫂也连连说自己在这个地方没处理好。

麦粒儿和曼曼因为玩耍产生纠纷，大人没必要马上干涉，而应该尽量让孩子自己解决，或者找个别的玩具给麦粒儿。当然，麦粒儿也有可能"执着"地哭下去，这时如果大人非介入不可，也要思路清晰地介入。

从处理过程来看，三嫂显然低估了调解矛盾的难度。她以为温柔地和孩子说几句就可以了，因此根本没有考虑温柔劝说无效时该怎么办。结果两个孩子都不接受，三嫂的心里又没有第二个方案，便临时想了一个抛硬币的办法，试图用偶然性解决问题，这显然乱了章法。两个孩子拒绝后，三嫂的第三个办法就更加莫名其妙——索性对孩子说，如果孩子答应，便用硬币去买零食。竟然试图用钱解决孩子玩耍过程中的小纠纷，有饮鸩止渴的嫌疑。我们本来是想解决问题，现在却制造出一个更大的问题——以后遇到纠纷，孩子会趁机提出"补偿"要求，比如买玩具、买零食等。

都说"父母是孩子的第一任教师"，如果我们不假思索地处理问题，就会成为"糊涂教师"，反倒会破坏孩子对一件事情的基本判断。

与孩子打交道时，我始终保持一个习惯：一件事情过去，总要回头想想是否妥当。如果做得好，好在哪里？孩子的感受会是怎样的？如果做得不妥当，问题出在哪里？下次应该怎样改进？在我看来，所谓的"教育悟性"，就是不断反思，不断做出修正，养成不厌其烦地想办法的习惯。最终的结果总是会证明那句名言："办法总比困难多。"这件事情虽然已经过去，也不需要我直接解决，但我还是忍不住把前因后果仔细思量了一遍，如果再次面对这样的情况，我要怎样处理呢？

麦粒儿想同时得到"宝石"和贴纸，被拒绝便哭鼻子。如果我来介入，我会尝试用协商的方式帮她拿"宝石"换回贴纸。同时，不管麦粒儿哭得多伤心，我都不会强迫曼曼单方面交出贴纸，那有违公平的原则，这是我的底线。如果麦粒儿一直哭，坚持两个都要，我便放弃调解，除非曼曼主动给她，否则她也只能接受现实。我不会因为麦粒儿哭而偏袒她，也不会因为曼曼是我的小侄女，就逼着她让步。

在我看来，哭有两个功能：处理情绪与达到目的。通常，在饥饿、疼痛、伤心、委屈、沮丧、恐惧的时刻，孩子会用哭宣泄情绪，这种哭是真实的情感表达，也是孩子释放的求救信号。此时此刻，孩子需要帮助、理解、抚慰。有时候孩子也会把哭作为一种达到目的的手段，通过哭向他人施加压力，这样的哭是刻意的，甚至有表演的成分。通常，孩子的哭会同时包含这两种功能，只是侧重点不同。麦粒儿的哭虽然也有被拒绝的难过，但主要是用于解决问题，她想同时得到"宝石"和贴纸。想明白这一点，便不会被她的哭声"绑架"。如果孩子用哭解决问题，通常会越被安慰越哭，因为孩子看到了解决问题的希望，会继续通过大哭加快问题解决的进程。我们的重点不是阻止孩子哭，而是解决问题，问题解决了，她自然就不哭了。

我和三嫂详细讨论了这件事情的处理方法。首先，切入点非常重要。所以我建议三嫂先问麦粒儿一句话："这两件东西，你是想要一件，还是两件都想要？"这似乎是一句废话，因为前面的过程已经很清楚地证明，麦粒儿肯定是两件都要。但一定要她亲口确认，重点要放在后面这句话上："两件都要，是不可以的，你只能要一件！"

这句话一箭三雕。首先，当时麦粒儿正在哭，这一问一答可以稳定她的情绪。其次，单刀直入地表明大人的立场，让麦粒儿知道，同时得到两件东西是不可能的，但顺便埋个伏笔：大人会通过调解，尽量让她得到她最想要的那件。再次，给曼曼吃个定心丸，让曼曼知道大人会主持公道，不会因为麦粒儿哭鼻子就完全站在麦粒儿那一边。

明确告诉麦粒儿她只能得到一件，她肯定会继续哭。她已经在哭了，既然不可能立即止住她的哭声，索性让她哭着。这时就该转向曼曼："你看，麦粒儿妹妹特别想要回这个贴纸，她拿'宝石'和你换，你愿意吗？"假如曼曼不愿意，还可以恳求一下："你看，麦粒儿妹妹哭得好伤心，还是换一下吧！而且，'宝石'本来就是你的呀！"如果曼曼依然不答应，调解就到此为止，转过身告诉麦粒儿："曼曼姐姐不同意交换，你只能玩这个'宝石'了，或者我们去找一些其他的玩具，好吗？"麦粒儿可能还会再哭一会儿，但大人如果不画蛇添足地安慰她，过一会儿她自己就会接受现实。

假设曼曼同意了，那么调解将继续进行。根据我对曼曼的了解，她比较遵守规则，很在意公平。如果两件东西都给麦粒儿，她肯定不答应，如果是交换，她答应的可能性极大。

如果曼曼同意，麦粒儿就获得了优先选择权。接着大人可以继续问麦粒儿："现在这两件东西，你可以任选一件，你要'宝石'，还是要贴纸？"如果麦粒儿要"宝石"，那就维持现状。如果麦粒儿要贴纸，就引导她俩交换。此时要顺便肯定曼曼的谦让，同时也帮麦粒儿总结一句："曼曼姐姐很讲道理，你好好和她说，她会愿意和你换的。"麦粒儿得到贴纸，部分地满足了愿望，应该不会再哭了。这虽然是一件很小的事情，但是想要公平合理地处理，大人就要站稳立场，并选好切入点，同时考虑好各种情况的应对策略。

也只有这样，才不会跑题到拿硬币买零食的路上去。

孩子之间闹矛盾是极其平常的事情。其实每个孩子都很有生存智慧，他们会积极地想办法。如果我们急于干涉，反而是在剥夺孩子成长的机会。不妨先观察，并趁机想好介入的策略和步骤。到了非介入不可的程度时，我们不但要解决当下的纠纷，还要给孩子做出示范，让他们学会处理纠纷的新思路。3年前，鹏鹏和曼曼总是为了抢玩具发生争执，我介入几次后，确立了一个简单的规则：谁先拿到谁先玩，5分钟后双方互换。很快两个孩子就学会了用这个原则处理纠纷，一旦发生争执，先拿到的孩子会申明"这是我先拿到的，我一会儿就给你"，这样我们就非常轻松，不必天天面对两个孩子不停"告状"的局面了。直到现在两个孩子依旧玩得特别好。

在处理纠纷的过程中不可避免地要面对孩子的哭闹。许多人怕孩子哭，认为哭是不好的行为，孩子一哭就心烦，所以总是以让孩子不哭作为首要目标。这样处理问题就偏离了重心。我总是给家长打比方：如果一个人感冒了打喷嚏，医生会对症治疗他的感冒，而不是只想办法止住他的喷嚏。感冒好了，喷嚏自然会消失。孩子的哭也一样，我们要关注孩子哭的原因，而不是武断地阻止孩子哭。用哭宣泄情绪是一种非常健康的行为。因此，我不赞成生硬地警告孩子"不许哭"，也非常反对用"你是男子汉"之类的理由制止孩子哭。不论男孩女孩，都有相同的泪腺和等量的喜怒哀乐。哭，只是情绪的表达，与坚强勇敢无关。所以我曾写道：哭是孩子的权利，也是孩子的福利！

同时，我也不鼓励孩子用哭解决问题。孩子可以通过哭要挟他人，他也常常能达到目的，但这会损害他所拥有的人际关系的质量，影响彼此的信任。家长也会负面地判断孩子的动机，并且会防范孩子的纠缠。如果孩子过于依赖哭这个办法，就很难发展出其他灵活的、富有弹性的解决问题的方式。当孩子走入学校、走向社会时，就算不再用哭的方式处理问题，他们也会用负面情绪达到目的，比如用愤怒、沮丧、威胁等方法引发对方的内疚感，迫使对方做出让步。这种方法既伤害自己，又伤害他人，而且容易被大家排斥和疏离。我们肯定不希望孩子走入这样的境地，因此我们要尽量引导孩子通过其他途径达到目的。解决问题的方式有很多种，很显然，诚恳的请求、友好的协商、善意的沟通，更容易达到目的。

"丹丹说我的伞是旧的，
都生锈了……我好生气"

化解孩子的自卑，让孩子学会接纳自己

家长日志如下。

孩子对我说："丹丹说我的伞是旧的，都生锈了，她拿她的伞和我的比，我好生气。"丹丹是我妹妹的孩子，她总是看不上我儿子，我儿子在她面前很自卑。我准备给他买个新伞。

看了这一小段日志，我首先注意到一个令人惊喜的变化，这次孩子直接向妈妈表达了委屈，还清楚地说了"我好生气"。在此之前，孩子一直用闹腾和纠缠来表达他的负面情绪，从来不肯直接说出来。前后比较会发现，这是一个重要的转变信号，也说明孩子对妈妈的信赖感在增强。他感觉这样和妈妈说话是安全的，会得到理解，而不是招来指责和批评。

妈妈用"标新立异"形容我的观察，她说自己就是看不到孩子的变化。当然，她只是在用这个词语形容她的吃惊，其实这也恰好是她的教育方法中存在的一个很大的问题。她看不到孩子细微的进步，不能识别孩子巨大的变化，因此很容易用负面的方法教育孩子。

接下来我问妈妈：孩子的伞旧到什么程度，是否影响使用？妈妈告诉我：很好用，只是样子不新了。

既然如此，伞的事情可以灵活处理。我与妈妈一起分析了这件事情。很显然，从孩子的表述中可以推测，孩子并不是特别想要一把新伞，而是在强调"我好生气"。这句话包含了一种尴尬和自卑，也包含了他对表妹的不满。换一把伞固然可以消除旧雨伞给孩子带来的尴尬，但小朋友之间难免会不断地比较，特别是表妹家的条件远远优于这个孩子家的条件。如果孩子一抱怨，家长就给他买新的，总有一天，当要求超出父母的能力范围时，孩子便会怨恨父母。买一把新伞只是解决了令人自卑的事情，并没有化解孩子的自卑心理。很显然，他同学的伞中，也有很多比他好的，关键是他的同学不笑话他，不和他攀比，他就不会尴尬。他更受不了的是别人的嘲笑。所以，父母的重点工作是要让孩子学会面对嘲笑，适应自己的境况。

这位妈妈说，爸爸听了孩子的抱怨，悄悄地对妈妈说"能满足他就尽量满足他，减少他的自卑"，对此妈妈也很困惑，不知道是否应该满足孩子。我对妈妈说，我们要做的不是减少孩子的自卑，而是化解孩子的自卑，让孩

精准回应 | 让孩子养成自主自律的好习惯

子学会接纳自己。

于是，我们就这件事情，理出一个思路，让妈妈劝慰孩子：

"儿子，妹妹说我们的伞旧了，的确是有点旧。妹妹那样的语气，有点笑话我们的意思，听了让人感到不舒服，难怪你会生气。我听了可能也会生气。不过话又说回来，雨伞是用来遮雨的，她的伞能遮雨，我们的伞也能。妹妹的伞好看，但是未必有我们的伞能干。我们的伞，虽然用了很久但是很结实，就算很大的风雨也不怕。儿子，被人笑话可不好受。以后，如果你同学的伞比你的还旧，你会像妹妹这样笑话他吗？妈妈希望这把陪了爸爸妈妈多年的伞也能保护你，这样妈妈会很放心。不过，如果觉得特别难过，妈妈也愿意给你换一把。"

劝慰孩子，最忌讳故意否认事实，所以我们首先承认——伞的确旧了。接着回应孩子的感受，这是重点。孩子用"我好生气"形容当时的感受，可见心情之郁闷。因此，我们要从孩子的角度理解他的感受，当然，需要掌握好语言的分寸——如果回避这个话题，就没法安慰孩子；如果说得过重，则会影响孩子与表妹的关系。然后再分析伞的问题，妹妹的伞很新、很漂亮，自己的伞虽然旧，但很结实。从这个角度看，自己的伞并非一无是处。同时，要让孩子学会换位思考，顺便培养孩子的同理心，让孩子通过生活琐事，懂得"己所不欲，勿施于人"的道理。最后把选择权给孩子。妈妈说这段话她自己听了都很舒服。后面的事实证明，孩子听了这番话，很坦然地接受了现实，没有买新伞。

在处理这样的事情时，具体的表述可以千变万化，最核心的一点是我们的话一定要让孩子感到舒服。让孩子感觉舒服，这些话才能达到抚慰情绪的效果。想要达到这样的目标，除了精心设计语言的表达方式之外，还要格外注意语气的运用。我们也正是通过这个过程，为孩子做出示范，教孩子学会化解冲突。所以我建议妈妈，一定要用理智的态度、柔和的语气表述。尤其是对妹妹行为的评论，如果我们带着负面情绪来表达，结果就完全不同了。

我喜欢观察亲子之间的互动，我发现语气是特别容易被忽略的因素。有一次我在买东西的路上看见两个 3 岁左右的小朋友发生了争执，他们各不相让。我听见一位妈妈厉声吼孩子："你要好好和他说！"我想，她说得没错，"好好说"是很有效的策略，可惜她自己的语气违反了她倡导的原则。当孩子有情绪时，我们更应该保持理智与温情。

这里只是就事论事地解决问题，关于孩子和表妹的关系，我们并未多说，而是作为一个重要的主题记在心里。我和孩子妈妈约定，我们要等待机会，继续协调两个孩子之间的关系。后来我们重点做了两件事情，一是让孩子客观认识妹妹的行为，虽然妹妹会笑话他，但多数时候对他很好；二是让孩子学会用温和的方式回应妹妹，这样既能保护自己，又会改变妹妹的态度。

阿德勒在《自卑与超越》中写道："自卑感绝非不正常，它是人类改善环境的动因。"不但人人都会有自卑情绪，而且自卑本身也有正面的意义——促使我们做出改变。

对于让我们感到自卑的事情，我们首先要学会接纳，然后再尝试超越。比如这个孩子，表妹家的生活条件远比他优越，如果他接纳这个事实，便不会自惭形秽。如果表妹嘲笑他，他也可以有理有据地反驳表妹，为自己营造一个平和的环境。当孩子接纳自己的处境，接受与表妹有差距这件事情时，就不会觉得被伤害。

消除自卑的一个误区就是不肯接纳，只想着改变。这会让人产生一个极端的目标：任何事都要比别人强！许多事事要强的人，往往就持有这个逻辑：等我足够强大，我就不自卑了。这样做可以让自己变得优秀，但未必能消除自卑。事实上，一个人在成长的过程中，会不断遇到更强大的对手。如果总是与张三比容貌，与李四比财富，与王五比地位……就相当于发起了一场不对等的"战争"，因为无论我们多么努力，都无法比一个群体更优秀、更优越。逼迫自己变得优秀，并不能打败自卑，相反有时会使自己一直陷入恐惧、敌视和不安的情绪。这样做也永远不会成为真正的赢家。

人生是一个成长和绽放的过程，也是发挥自己创造力的过程，发现自己并不断超越自己，活出自己的风采，才是我们人生的真正使命。

兄弟俩闹矛盾，弟弟告状，
妈妈只批评哥哥

—

要先问清楚来龙去脉再处理，不能强迫哥哥让着弟弟

有一个找我咨询的妈妈后来和我成了朋友，我们时常一起出去吃饭、聊天。有一次，我们决定晚上去吃火锅，吃饭的人包括我、孩子妈妈、两个孩子（8岁的哥哥、5岁的弟弟），还有孩子的舅妈。这家火锅店的生意非常好，需要排队。两个孩子等得不耐烦，就在店里到处转。这家店最大的特色就是有几十种酱料被摆放在一个圆台上，供大家自由选择。这个圆台自然是最吸引两兄弟的地方。

过了一会儿，弟弟一脸委屈地过来扑到妈妈怀里："妈妈，哥哥打我。"

说着便伤心地哭了起来。妈妈非常关切地安抚他，他的哭声却越来越大。于是妈妈叫来哥哥，把哥哥好一通批评："你是不是打弟弟了？你怎么这样不懂事呢？要懂得让着弟弟一点儿，他还小，我看你是不想吃饭了，把卡给我，你回家吧……"孩子舅妈也在旁边一起批评哥哥。我仔细观察，发现哥哥低着头一言不发，但是表情中分明有些许不服。最后妈妈惩罚哥哥坐在椅子上好好反省自己的错误。哥哥被批评了很长时间，妈妈反复不停地数落他，语气很重。弟弟一直在哭，一副很委屈的样子。妈妈批评了哥哥，又安慰了弟弟好半天，这件事情才平息。

我相信哥哥打了弟弟，但从常理推测，这其中一定有缘由。我感觉没有弄清事情的来龙去脉便批评哥哥实在不妥，但当时的场景，也不好当着孩子的面批评家长，所以我一直在打圆场，尽量拦着她们少说哥哥几句。

后来，等哥哥的情绪也平复了，我问哥哥是怎么回事。他告诉我，是因为弟弟乱动那些酱料，而且把里面的勺子乱放，比如把辣椒酱的勺子放到芝麻酱里面。哥哥阻拦他，弟弟不听，哥哥就打了弟弟一下，弟弟也还手了。最后，弟弟向妈妈告的状。

事实已经很清楚了，弟弟乱动酱料影响其他顾客，有错在先，在劝说不听的前提下，哥哥打了弟弟。哥哥的动机是好的，但打人的行为不妥。弟弟还手后并没有满足于这个暂时的平衡，而是通过"告状"，借助妈妈和舅妈的力量，狠狠地"修理"了哥哥一番。

我们不妨问一句，在这个家庭里，哥哥和弟弟，谁是弱势的一方呢？弟弟"仗势欺人"，哥哥要"报仇雪恨"，那么可以预言，冲突一定不会就此平息。

事后，当我再次见到妈妈，趁两个孩子不在场时，我帮她分析了在火锅店的事情。首先，弟弟哭着过来，应该问明情况再安慰他，并且要掌握好"度"。如果过度了，孩子会学着用表演博得同情。其次，要给双方申辩的机会，在当时的情况下，哥哥其实也有话要说。再次，要以理服人。大人应该告诉弟弟在公共场合应该遵守的规则，同时也要和哥哥讨论，弟弟不听话时该怎么办，要着重关注哥哥阻拦弟弟时的语气和方法。如果弟弟实在不听，不妨再来告诉妈妈。总之，不能鼓励他用打人的方法解决问题。

前一段时间妈妈告诉我，又发生了一件类似的事情。两个孩子在楼下玩，弟弟打到了别的孩子的眼睛，哥哥让他道歉他不听，哥哥就打了弟弟一下。弟弟回家告状，哥哥在楼下通过对讲电话先和妈妈说了这件事情。弟弟哭着进了家门，这次妈妈没有立刻过去安慰他，而是严肃地坐在椅子上，等弟弟脱了鞋过来时，让他说说是怎么回事。等弟弟陈述了一遍过程，妈妈做出"裁决"：你必须为"打小朋友的事道歉，这件事是你有错在先。当然，哥哥打你也不对，我会批评他"。

结果这次弟弟居然没有哭。妈妈用很吃惊的语气告诉我："你不知道啊，之前每次遇到这样的事情，弟弟都会哭个惊天动地，怎么哄都哄不好。这次居然不哭了，真是想不到啊……"

很多家长习惯于保护弱小，听取一面之词批评另一个孩子。这种做法相当于没有审理便直接定罪。问清来龙去脉似乎有点麻烦，不过第二件小事很好地证明，这恰恰是最简单的办法。

在我看来，年龄永远不能作为处理纠纷的砝码。谦让是孩子自己的选择，我们可以请求哥哥让着弟弟，但不能强迫哥哥让着弟弟。作为父母，我们要守护孩子之间的公平，守护公平对两个孩子的成长都有利。否则，哥哥会觉得愤愤不平，弟弟也会慢慢觉得哥哥让弟弟"理所当然"。这种不公平的模式甚至可能延续一辈子。许多弟弟成年后都习惯性地向哥哥索取、向周围人索取，却从不考虑付出与回报。习惯于被谦让的孩子一旦处于公平的环境，常常会感到巨大的挫折与沮丧。我们无法要求社会为孩子提供谦让的天空，因此，我们要让孩子在公平的环境中成长。

✦ 第十节

父子矛盾重重，
经常为一件小事互相大吼大叫

—

做好调停者的角色；用好表格，谁发脾气给谁扣分

一位妈妈告诉我，9 岁的儿子提了个让人啼笑皆非的要求："妈妈，能不能给我换个爸爸？"妈妈在感叹童言无忌的同时，听着孩子带着哭腔说出这句话，也能理解孩子内心的痛苦和恐惧，同时也为这个家庭的父子关系感到忧虑。在这个家庭中，父子之间简直是水火不容。每当爸爸检查孩子作业时，父子间都会爆发激烈的冲突，轻则吼叫，重则打骂。孩子也公然对抗爸爸："我就是要气你，你让我做什么，我偏不做！"孩子从来不肯单独与爸爸待在一起，他说害怕爸爸。遇到妈妈加班的情况，他一定要妈妈带着他。

妈妈非常苦恼，仿佛家里有一大一小两个孩子，随时会激起纷争。有一天深夜，爸爸又因为作业的事情对孩子发了脾气，孩子说了句"不在你们家待了"，就下楼跑去了爷爷家。妈妈赌气对爸爸说："你们父子俩对着发火，你们就这样对抗下去吧，你和儿子都会越来越'优秀'的！"爸爸下楼把孩子找回来，孩子一进门就冲到妈妈身边哭诉。妈妈也没给孩子好脸色，让他出去，并宣布任何人从家里出走，就别再回来。

面对激烈的父子矛盾，妈妈的处理方法是分别将二人训斥一顿。于是，两方冲突演化成了三方矛盾，一家人生活在硝烟弥漫中。作为旁观者，透过冲突，我分明看到每个人心中都深藏着良好的愿望：孩子希望拥有一个好爸爸，不打骂他，陪他玩耍；父亲在"努力"地靠近儿子；妈妈希望一家人温馨和睦。

妈妈也感慨，别看父子俩像仇人一样，其实很在乎彼此，关键时刻，孩子总怕爸爸吃亏，爸爸在内心深处也非常疼爱孩子。如何将对抗的能量转化成积极的情感呢？关键在于妈妈要转变角色。之前父子起争执，妈妈也"参战"。现在，我建议妈妈承担居中调停的角色，让父子看到彼此的善意。我对妈妈说，父子产生冲突时，也是转机，这时我们要告诉自己：机会来了。

从道理上讲，妈妈认可这个角色，但实际操作时她又回到了原来的路上。如此看来，改变并不容易。

有一次妈妈打算下班后全家人一起去划船，但孩子坚持要先把一盆文竹送回家，那是孩子向一个熟悉的花店老板要来的。文竹很大，孩子搬不动，于是就请爸爸专程送回去，然后大家在公园会合。一家人划船时玩得很快乐，孩子还回忆起小时候划船的情景。划船快结束时，爸爸说他刚刚上楼梯时，不小心把花盆碰坏了。孩子一听就不高兴了，说自己特别喜欢那个花盆，一个劲儿地责备爸爸。面对孩子的不依不饶，妈妈也火了："爸爸妈妈花钱花时间陪你划船，结果你不但不高兴，还搞得大家都不高兴，下次不带你划船了！"妈妈训斥完孩子马上给花店老板打电话，联系换花盆的事情。

我问了妈妈几个问题："面对既成事实，是责备他人还是马上想办法弥补？就算爸爸不小心碰坏了花盆，对于爸爸的辛苦劳动，孩子是否应该心存感激？虽然碰坏花盆是在划船的时候说的，但二者有直接联系吗？何必否定划船的快乐呢？责备孩子的话是否有道理？既然孩子可以自己要来文竹，能否让他自己联系换花盆呢？"

妈妈感叹，遇到父子争执，自己还是习惯性地参与其中。其实，回到居中调停的位置，一番话便可解决问题："儿子，那么漂亮的花盆打碎了真可惜，爸爸要是再小心一点儿就好了。打碎了花盆，的确是因为爸爸的疏忽。不过爸爸辛辛苦苦地帮你，你这样埋怨他，他也很难过吧？如果是你自己往回搬，说不定也有疏忽的时候呢！既然你和花店的老板很熟悉，就再打电话问问，看老板能不能再换一个花盆吧！"

妈妈跳出情绪的陷阱，开始理解孩子的心情，和他一起"哀悼"心爱的花盆，同时也让他认识到，爸爸不是故意的，而且爸爸专程跑一趟也很辛苦。帮助他把注意力转移到问题的解决上。

此后妈妈渐渐找到了感觉，但因为父子冲突实在太频繁，所以我们在此基础上，又想了一个辅助性的办法。妈妈做了一个表格，父子俩谁发脾气就在表格上记录并扣分。扣分是一个象征性的惩罚，也是最低限度的惩罚，可以替代妈妈责备父子双方的做法。

说实话，我和妈妈都没对这个方法抱太大的希望，我们的心理预期是只要表格能起到提醒的作用即可。孩子比较欢迎这个方法。之前爸爸吼他，对他发脾气，他都没有应对办法，现在他至少可以给爸爸"扣分"，哪怕是象征性的惩罚。妈妈刚宣布了规则，没过20分钟，爸爸就因为孩子吃饭慢而对他大吼大叫，孩子也和爸爸顶嘴。忽然，孩子想起了这个规则，对妈妈说："妈妈你扣爸爸的分，他大吼大叫了！"妈妈说："好的，不过这次你俩都要扣分，爸爸吼了，你也吼了。"这个细节让我们感到很欣慰，以前爸爸发脾气，孩子马上会"迎战"，这次他能意识到还有更温和的办法——扣爸爸的分，这样他和爸爸之间的对抗性就在逐渐降低，这成了双方争吵的一个替代性策略。

有一次爸爸问起作业的事情，孩子对爸爸大吼，爸爸说："扣1分！"孩子不服气，继续和爸爸争吵，爸爸说："再扣1分！"没多久，孩子被扣了8分，他又生气又委屈，眼泪在眼眶里打转。这时候妈妈没有责备孩子，而是温和地说："看，上爸爸的当了吧！今天因为你其他事情做得好，妈妈可以帮你加分，不过再发脾气的话，可就要扣分了。"孩子很快平静下来。有意思的是，这一天结束后，爸爸竟然到这个表格上做记录，孩子告诉妈妈："爸爸给我扣分呢！"妈妈继续出来主持公道："这个考核只能我来记录，我是裁判！"

爸爸开始运用这个规则控制孩子的脾气，我们对此非常吃惊。看来，其实父子俩都不想争吵，但他们没有其他的沟通方法，所以每次才你一言我一语吵得不可开交。现在不一样了，他们用扣分代替争吵，能及时平复自己的情绪。妈妈也积极地用幽默化解父子间的冲突。有一次父子俩吵得很凶，妈妈画了一张很夸张的漫画，并写上"大猩猩父子俩"。父子俩看了都哈哈大笑，也不再争吵了。

通过调解父子俩的冲突，妈妈学会了站在调停者的位置上，让他们看到彼此的善意，并想出用扣分的形式以遏制父子俩争吵，而且偶尔还会运用幽默缓解气氛。经过一段时间的努力，父子俩的冲突越来越少，爸爸变得更宽容，孩子也更贴心了。一年后我问妈妈孩子的情况，她告诉我："孩子的表现都很好，成绩也比较稳定，最值得一提的是，他和他爸的关系已经有了天翻地覆的变化！以前是要换爸爸，现在是只要听到爸爸回来，就会跑去开门，还会亲昵地叫上一句'爸仔'。"

这真是一个温暖的反馈，我也为他们一家人感到开心。父亲、母亲和孩子构成了一个坚固的三角关系。其中的两方发生矛盾时，第三方就要扮演调停者的角色。如果第三方也参战，矛盾只会越来越多。

孩子请妈妈帮忙，妈妈忘了，
孩子说"全怨你"

用 90% 的精力接纳现实、解决问题

家长日志如下。

今天孩子上英语课，老师说孩子上课时比以前遵守纪律了，还让旁边的同学向他学习积极回答问题的态度。孩子表面上无动于衷，但心里应该是很高兴的。后来孩子把书包给了我，我顺手放到了身后的椅子上，回到家才发现书包没有带回来，孩子就给爸爸打电话告状。我承认我有很大责任，但是孩子说"全怨你"，并说自己一点儿错也没有。我认为孩子喜欢推卸责任。

我问这位妈妈："既然你觉得孩子在推卸责任，那你有没有继续处理这件事？"妈妈说："我想处理，但孩子很不配合。我说书包是你的，咱俩都有责任！他坚持说不是他的责任。"

孩子坚持说自己没有责任，母子间的对话便中断了。我和妈妈重点讨论了"咱俩都有责任"这句话。这句话给人的感觉是孩子需要承担很大的责任，所以孩子才会极力否认。孩子说这件事情自己没有责任其实也说得过去，毕竟他把书包交给了妈妈。如果说孩子有责任，那也只是没有提醒妈妈而已。所以，我建议妈妈用一个具体的数字分割责任，让孩子明白，虽然责任大部分在妈妈身上，但他也有责任，即使只是一点点。

我继续问妈妈："假设类似的事情发生在你和同事之间，你答应帮对方的忙，结果忘了，对方埋怨你、指责你，你以后还会帮她吗？"妈妈很干脆地回答："不会啊，我当时就会生气！"我问："我们是否需要让孩子懂得这个道理呢？如果他用现在的思路与人交往，肯定会碰壁的，这是你不希望的吧？"

针对这件事情，我给出了如下四条建议。

首先，孩子说"全怨你"时，你要承认自己有责任。既然孩子和你有争执，那么这个责任不妨分割得清楚一些，你可以说："的确，你让妈妈拿书包，妈妈的确忘了，这件事情妈妈至少有 90% 的责任。不过你也有一些责任，因为书包是你的，但你也没提醒我。"

其次，着手解决问题："现在书包已经忘了，不管咱俩谁的责任，都要先把书包找回来。"

再次，找回书包后，再告诉孩子："你看，虽然麻烦了一点，但总算找回来了。如果咱俩发现书包没拿，但因为互相指责耽误了时间，书包可能会丢失。再说了，如果我帮了你的忙，你还这样责怪我，下次你再让我帮忙，我坚决不答应。你不希望这样吧？"

最后，告诉孩子："这次的确是妈妈粗心大意了，以后妈妈会更小心点儿，你记性好，也帮妈妈想着点儿。"

表面上看，这件事情的主题是处理孩子推卸责任的问题，但其实，真正的主题是：遭遇突发事件时我们该如何解决问题？

孩子在发现忘了拿书包后，第一反应是责备妈妈，然后是否认自己的责任。这样的反应是否很常见呢？不仅是孩子，大部分成年人也是如此。而且，我们一直觉得这是正常反应，没有任何问题。过去的若干年里，我也是这样：遇到问题时沮丧的情绪会马上蔓延，后悔伴着自责。一旦有机会，我就会一股脑儿地把责任推出去，向别人发泄自己的愤怒，只投入少量精力解决问题，甚至把问题丢在一边，眼看着一根火柴烧掉一片森林。

我们对待孩子犯错的反应往往也是这样。首先是负面情绪腾空而起，然后是在心中数落孩子过往的诸多错误，接下来便直来直去地批评孩子，逼迫孩子按照大人的意愿行事。这样做通常会引起孩子的反抗，于是双方矛盾升级，产生激烈的冲突。

而更合理的路径是：接纳现实，设法解决问题，分割责任，总结经验教训以避免重蹈覆辙。其中最难做到的是接纳现实。分析到这里，我想起一个小故事，说老和尚不小心把很贵重的瓷罐摔碎了，却继续往前走。小和尚问他为什么不停下来，老和尚说，就算是停下来，瓷罐也已经碎了，何必呢？老和尚用他的行动完美地诠释了"接纳现实"的含义。

不管我们多么不希望面对，突发事件一旦发生便是事实。此时此刻，任你后悔自责、呼天抢地，都无法改变事实。我们能做的只有接纳，并想方设法解决问题。如果我们用 90% 的精力接纳现实解决问题，用 10% 的精力分割责任、总结教训，一定能有效降低突发事件的危害。

无论是大人还是孩子，都应该学习这个处理问题的路径。如果熟练运用这个方法，我们会发现，突发事件并非一定伴随着负面情绪，我们完全可以镇静地解决问题，平静地总结得失。处理突发事件反倒能增强我们的应变能力。

如果孩子从小学会这样处理问题，注定能走得更远。

好妈妈陪写作业有办法

pen

book

homework

第五章

培养孩子的
自主学习能力

✦ 第一节

孩子写作业磨蹭，总是忍不住想吼，
怎么办

——

谁都不想每天听别人指手画脚，让孩子自己做主

我经常听到家长说一句话："我也知道不该对孩子发火，可就是忍不住！"但我们有没有仔细想过，为什么忍不住呢？

恰好前几天，我在咨询中遇到了这样一个细节，相信每个家长都遇到过相似的情况。

孩子放学回来，嘴里说今天作业有点多，却慢悠悠地看报纸，过了 40 多分钟才开始写作业。他让妈妈帮他听写，妈妈说："这么久才想起写作业！"过了一会儿，孩子说还有点数学作业没写，妈妈又说："不早点写，

这都几点了？"看孩子半天还写不完，妈妈又忍不住责备他："怎么不早点写！"最后，孩子生气了，拿起书走了。

事后，妈妈很快认识到，自己当时不应该生气，也不应该几次三番地唠叨，她只需在最后总结性地提醒孩子一下就行了。

下面我们从头分析这件事，看看这位妈妈内心的情绪是怎么一点点高涨，最后演变成埋怨和生气的。

我的第一个问题是："孩子一边说作业多，一边却还慢悠悠地看报纸，一点儿都不着急。看到他这个状态，你是怎么想的？"

妈妈说："看到他看报纸，我没说什么。他吃完东西，还没做作业的意思，休息了40多分钟才开始写，这时候我的心情就有点不太舒畅。听写时都晚上10点了，而且要听写的任务是两篇，可当时他数学作业还没做完。我一次次看表，心里有点着急，不高兴的话也就跟着说了出来。"

我的第二个问题是："他说作业比较多，按照你的惯性思维，你是不是认为孩子应该马上投入到写作业中？他没有按照你的思路来，你心里有没有隐隐的不快？或者说有没有一种轻微的挫败感？"

妈妈说她的确有不快的感觉。我继续追问："仔细想想，这算不算一种挫败感呢？表面上看你生气是因为孩子不主动，深层的原因是他不符合你的意愿。"

我又追问了一遍，这次妈妈说："对。"

这里是情绪的分水岭。如果仅仅是不做作业，这是孩子自己的问题。如果孩子的行为引起了妈妈轻微的挫败感，问题就变成了两个人的。也就是说，作业与妈妈发生了直接的关联，在心理层面，妈妈部分地承担了孩子做作业的责任。

虽然妈妈的策略是先不管孩子，由孩子自己决定何时写作业，但是妈妈心里并没有那么超脱，并且不满在不断地积累，不快也一直在酝酿。尽管这时候妈妈可能在做别的事情，但因为一直牵挂孩子的作业，妈妈的情绪已经和孩子的作业纠缠在一起。

到最后，妈妈忍不住发牢骚，而孩子也因为忍受不了妈妈的责备，发了脾气。如果做一个有关情绪的成本核算，会发现两个人都不是赢家。妈妈费力不讨好，孩子有对立情绪，两个人不欢而散。

能否避免这种不愉快呢？孩子慢悠悠地看报纸，不符合妈妈的意愿，引起了妈妈的挫败感，事实上此时两个人的情绪已绑定在一起。因此，最关键的是要切断挫败感的链条。怎样对待这种轻微的挫败感呢？妈妈的做法是指向孩子，希望孩子能表现好点，符合自己的意愿，这样她的心情就会好起来。其实妈妈这样做是在通过孩子处理自己的情绪。当然，最开始妈妈并不认可这个说法，她说自己是为了孩子好，希望他能早点睡。这听起来似乎合情合理，此时我反问了她一句："仅仅是为了孩子着想吗？有没有为你自己考虑的因素呢？如果仅仅是为孩子好，他不听也就算了，为什么你会那么生气呢？"

这时候，妈妈感慨道："这么说，我的确觉得他没有按我潜意识的意愿来行动。"

我继续帮妈妈分析："有些事情，明明有替自己考虑的成分，但因为承认这一点显得不那么'高尚'，所以我们会有意无意地强调自己是为对方着想。其实你已经被自己催眠了。你并不觉得是为了自己。他快点做完作业，早点睡，的确对他的身体有利，但是，这也会平息你的担心和焦虑。"

于是，我们换了一个视角重新面对这个问题。我问妈妈："当你听到孩子说作业多，却看到孩子在休息时，心里是不是已经对他有要求了呢？是不是希望他快点去写作业？随着休息时间的延长，你的担心也在增加。现在让我们停下来思考几个问题。"

"晚做一会儿作业是什么性质的问题？危害大不大？""你的内心能否允许孩子不按照你的想法做事？""如果要求你接纳孩子的行为，你会怎样说服自己？"在我的不断追问下，妈妈罗列了如下理由：不就是晚做会儿作业嘛，只要知道做就行。他确实挺累的，回来放松一会儿也是应该的，晚睡一晚上没什么。从孩子以前的表现来看，他会安排好自己的作业，何必和他计较，还让大家最后都不愉快。不论是谁，都不愿意每天听别人指手画脚，他的事让他自己做主吧。我这样想到底是为什么？是为了和他分离还是越缠越紧？

从这几条理由来看，只要方向正确，妈妈能很好地说服自己，消除心中的担忧和焦虑，顺便切断了挫败感的链条。我最后补充了一点：孩子的作业只要能完成就行，并不需要按照你期望的状态和节奏完成。想了这么多说辞，就是希望你发自内心地相信，作业是孩子的事情，他能安排好，与你没有直接关系，作业也不是你的责任，只是属于你的监管范围。如果孩子做完作业的时间太晚，事后提醒一句就可以。如果有足够的耐心，甚至不必刻意说，过几天，说不定孩子自己就会意识到问题所在，并悄然改正了。

遇到一件不如意的事情时，我们通常有两个努力的方向。要么改变他人，让他人符合自己的意愿；要么改变自己的想法，接纳他人的行为。通常，没有人喜欢被控制、被强迫，因此，如果通过改变他人抚慰自己的情绪，迟早会引起对方的反抗，并引发矛盾和对立。调整自己的想法和行为，则是一种健康、理性的处理情绪的方法，它使我们更容易达到人际和谐的状态。这在父母与孩子的沟通中一样重要。

所以，我们要直面问题，完全承担与自身情绪有关的责任，不要试图通过控制孩子平复自己的心情——这不是长久之计，也势必会引发对抗。

就算怒吼打骂，孩子也不写作业，怎么办

请别说无可救药，对镜微笑、深呼吸，以积极视角看孩子

　　虽然我接触过各种情况的孩子，但是大宝的状态还是让我倒吸一口凉气，据他父母的描述，孩子完全处于失控状态，看上去简直无可救药。

　　下文是大宝妈妈的描述。

　　大宝每天都玩到很晚还不写作业。我急呀，急得咬牙切齿，用食指指着他怒吼，威胁他再不写作业就不许吃饭、不许睡觉。大宝就好像没听见一样继续玩。我在一边咆哮"升级"，忍不住动手打他一通，并发泄着我的不满：

"叫你不听话，叫你不写作业！"刚开始大宝撇撇嘴哭两声就继续玩，后来他锻炼成了我的对手，我打他一下，他还我两下。常常是我们斗争了一晚上，结果大宝就是不动，困了躺在地上就睡。

那时候大宝刚上学，但我已经精疲力尽。老师也经常找我，说他和同学打架、上课睡觉、上课离开座位、不写作业……一大堆的问题袭来，我都要崩溃了。最让我心惊胆战的是，老师找我说："大宝上课不听讲，瞪着老师，眼神很可怕，带孩子去看看吧。"

在咨询开始时，我给出的第一个建议是先停止打孩子，作业的问题慢慢解决。大宝的父母极力控制自己，不再打骂孩子，但对于这种失控的局面依然无计可施，这是大宝的爸爸当初写的一段日志，描述了孩子做作业的过程。

今天是正月十五，一家人打算晚上去孩子奶奶家吃晚饭。我6点回到家，地上到处都是书、笔、本、尺子、橡皮……孩子闹了一下午，一个字都没写。听他妈妈说，她一直和他僵持着不理他，他也不写。妈妈盯着他不让他玩，他就扔东西。妈妈没给他捡，他继而起身往床上扔鞋，妈妈还是没理他。他找来钥匙把门锁上，并说："想要钥匙吗？需要5 000元，您给我1元就行！"他妈妈还是没理他。他说："反正我今天得去奶奶家，不带我去，我就自己去！"正在这时我回来了，我让他妈妈先去孩子奶奶家，并盯着他要求他必须把作业完成，否则就不让他出门。孩子又开始撕心裂肺地哭，没完没了地闹，要求先去奶奶家回来再写作业。这中间奶奶来了两次电话，姑姑也打过一次电话，劝他赶快写作业，我在电话里跟她们说："不完成作业，哪儿都不能去！"孩子没完没了地重复一句话："我就要去奶奶家，我要给妈妈打电话，我就要去奶奶家！我等妈妈来接我！"并猛烈反抗。他的作业不需要多长时间就能完成，他就是磨蹭。我一次又一次地用尽各种办法，把他"请"回书桌前坐好。我刚把他放到座位上，他就往座位下滑，然后趴在地上爬。要是想把他拉起来，他就会挂在我的胳膊上。一不留神，他就又跑到床上去了。反反复复、一次又一次，让我身心俱疲。等到他妈妈都从奶奶家回来了，他还是只字未写，此时已经是晚上8点了。我和他妈妈轮番上阵，他一直闹到12点才写完作业。半个小时就能完成的作业他耗了一天，补寒假作业的时间被他耗没了，原打算带他出去玩的时间也被他耗没了。

爸爸写得详细而稍显烦琐，看了这段日志，我既能理解这对父母的疲惫和无奈，也能理解孩子的无助和痛苦。妈妈曾用手机录了一些视频片段给我看，其中一个片段是大宝不写作业，也听不进去妈妈的话，自顾自地在床上打滚儿。妈妈的话说得多了，他索性把整个被子蒙在头上，躲在他自己制造的黑暗中，嘴里"哼哼哈哈"地在床上转圈儿……

父母每天这样和孩子相处，对双方来说都是灾难。咨询正式开始后，在不打孩子的前提下，我和孩子的父母共同寻找新的策略。对这个家庭来说，改变并不容易。一方面是因为孩子的情况确实比较严重；另一方面是因为父母已经习惯了用打骂的方式教育孩子。当然，孩子的表现主要是由父母不当的教育方法造成的。

这个家庭给我的感觉是，妈妈的内心有很多的愤怒和敌意，而这些负面情绪来自她的童年。这位妈妈说，她的家庭成员都属于"简单粗暴型"。爸爸非常严厉，她做错了事就会挨打，也不敢反抗。她内向、胆小，做事总是小心翼翼，因无法化解心中的郁闷常常生闷气。她在学校也很孤僻，很少说话，也不合群，总是受欺负。家人、亲戚都不喜欢她，她遇到困难时也不知道向谁求助。而她有一个聪明、漂亮的妹妹，大家总是拿姐妹俩做比较，总是否定她，夸奖妹妹。

正因为这样的童年遭遇，她没有形成健康的化解情绪的方式。她的情绪反映到躯体方面，就是一直被莫名的疼痛困扰，吃了很多年中药。

客观地说，这位妈妈如此粗暴地对待自己的孩子的确不对。了解了她的童年故事后，对于她所经历的无助和痛苦，我也很怜惜，毕竟她也曾是一个孩子。值得庆幸的是，这位妈妈已经意识到了问题的严重性，并且痛下决心改变自己。

妈妈在情绪方面遇到的困难超乎我的预料。有几次遇到一些比较小的事情，我建议她严肃地和孩子说一下即可，不必过度处理。结果她"严肃"地和孩子沟通的后果，竟然是发生了激烈的争吵。按照常理来判断，无论如何都不应该发生激烈的冲突，怎么会这样呢？开始我以为是我的判断出错了，所以反复推敲这个过程，可想来想去都很费解。我反复问妈妈她是怎样和孩子说的。妈妈说就是"严肃"的态度。这个细节困扰了我一段时间。有一次，这位妈妈又需要"严肃"地和孩子谈一件事情，我建议她用手机录下这个片段。看了视频我恍然大悟，原来这位妈妈一直以为自己是在"严肃"地和孩子谈话，但事实上，她是在"生气"地训斥孩子。

我们似乎很难相信一个成年人分不清"严肃"和"生气"，但如果联系她的成长经历，则很容易解释。在她看来，像父亲那样暴怒的时刻才算"生气"，相比之下，平时话语中带出来的奚落和训斥都已经是家常便饭，是她眼中的"严肃"。原来，我们之间存在这样一个情绪换算的公式：我们眼里的"暴怒"，在她看来是"生气"；我们眼里的"生气"，在她看来只是"严肃"。

于是，我不得不想方设法教她学会真正运用"严肃"的态度，光用语言描述显然不够，我们最终回到了那段视频，一句话一句话地揣摩，慢慢地，她能找到真正的"严肃"的感觉了。这个过程对我们两个人来说都是挑战。在后来的咨询中，我尽量通过具体的细节，让她学会识别自己的情绪，解读孩子的情绪。

这也产生了一个新的任务，我们把表情、眼神、音调作为一个专题来训练。训练过程中，这位妈妈录制了大量的视频片段。我发现，她在辅导孩子时，语调非常尖利，而且语气很生硬，总是一脸冰霜，像个监工一样。作为旁观者，我听了都觉得很不舒服。这样的表情语气会让孩子感到紧张。妈妈在旁边辅导孩子的本意是帮助孩子，但她的负面情绪反倒干扰了孩子。有一次，我们通过对视频的分析，完整地呈现了她干扰孩子的过程。她说，要不是这样分析，她永远都不知道自己的细微情绪会对孩子产生这样大的影响。

后来，我干脆给她布置了一个"作业"——每天花一点时间，对着镜子练习笑容。我的要求并不高，只要她在面对孩子时，表情能有点"温度"就可以。这个作业显得很"可笑"，还好，这位妈妈一直坚持在做，而且坚持了很久，她甚至特意在办公桌上放了一面小镜子。同时，我教她怎样更细致地肯定孩子——加上表情语气的变化。渐渐地，她和孩子的互动不再剑拔弩张，这给了我们很大的信心。妈妈说："我改变了表情，大宝的性情不那么急躁了；我改变了语气，大宝学会了和同学互动。"

后来，她给了我一个意想不到的反馈：有一次回老家，老家的一个长辈竟然说她"变样了，好看了"。她说长辈们从小就说她长得丑，一副"干巴样"，现在居然说她好看了，她自己也感到非常意外。我想，所谓的"好看"，是因为她的表情变得更明媚了。其实，这位妈妈一点儿都不丑，以前别人说她丑，是因为她把内心深处的愤怒和敌意都写在了脸上。

这位妈妈的坚持精神让我非常感动。因为童年缺少温暖和关爱，所以对于很多微妙的体验，她特别不容易找到感觉。比如，让她学会对孩子示弱，不要太强势，这样孩子便会有所不同。遗憾的是，她小时候，长辈们从来不曾对她示弱，现在她也从来不曾对孩子示弱，因此，她总是很难理解"示弱"的意义，也无法想象自己弱下来孩子会怎样。但她愿意一直去尝试，反复讨论做得不妥当的地方，不断改进自己的行为。终于有一天，她体会到了示弱的价值。"我生病的时候对他说：'大宝，妈妈浑身没劲儿，头也疼，顾不了你的学习了，你自己写作业吧。我还没吃药呢，能帮我倒杯水吗？'就见大宝纵身一跳：'妈妈您等着啊！'一会儿就端来一满碗热气腾腾的水，还说'倒水的时候都烫到我了，不过没事，吹吹就好了'，我听了那叫一个热泪盈眶呀，这种从来没有过的感觉，我体会到了！"

咨询过程中，我会不断指出大宝妈妈的错误，寻找改进的策略，同时也非常心疼她。她也曾经是一个孩子，在严酷的家庭环境中艰难地长大，一路撒娇耍赖、备受疼爱的孩子，很难体会她的痛苦。因此我非常能理解她的困难，也非常认可她的态度，虽然慢了一点儿，但是只要肯学，愿意改变，就不算晚。

在平时的咨询中，我每天做的事就是与前来咨询的父母讨论看上去很琐碎的教育细节，并通过这些细节，教他们如何用积极的视角看待孩子，判断孩子的动机和感受，满足孩子的心理需求以及处理突发事件。在咨询的前期，大宝妈妈家里几乎每天都有突发事件，甚至一天会和家人争吵好几次。

对她而言，如何冷静地处理这些冲突非常关键。咨询过程不仅改变了妈妈的教育方法，也在不断修正她的思考方式。后来这位妈妈也很感慨，她说，现在她明白了，很多沟通方式本应在童年的家庭生活中自然而然地学会，但因为她当时的处境很孤独，所以没人教她也没人帮助她；因为她对周围的人都很敌视，所以也不会主动学习如何沟通。这是她童年落下的最重要的人生课程。因此，到了自己教育孩子时，她不但不懂教育，也不懂一个孩子基本的感受和需求。她复制了父母的方法，简单、粗暴地对待孩子——尽管那样的方法曾经铸就了她半生的痛苦。

最开始，家长认为我的方法过于温和，他们一致认为面对这样严重的问题，必须用一些"霹雳"手段。为此，孩子的父亲还特意和我谈了一次。其实这个问题之所以严重，就是因为他们以前过度地依赖"霹雳"手段。当然，最开始家长停止了打孩子，有一小段时间，孩子的表现反倒变本加厉，作为家长，的确是在咬牙切齿地忍耐着。我心里很清楚，这是"松绑"之后的必然反应，也是咨询的必经阶段。在这个过程中，我教妈妈学会寻找大宝细微的优点和进步，学会温言暖语地和孩子沟通。经过不懈努力，慢慢把孩子的状态"暖"了过来，孩子也不那么爱闹腾了。虽然大宝写作业的速度依旧不快，但他会坚持写，不会再为半小时的作业折腾一整天了。

这位妈妈的困境，不仅反映在亲子教育中，也反映在她的全部生活中。她与很多家庭成员的关系都很紧张，与同事关系也不够融洽。偶尔，我也会扮演"妇联主任"的角色，和她聊聊家长里短。

比如，她总觉得别人都瞧不起她、笑话她。亲戚朋友看到大宝的表现，会对孩子说："好好学，别整天让你妈操心。""成天被老师批评，你得知道争气、要强。""我家孩子可不这样，到家了就写作业，老师从来没找过家长。"……这些话让妈妈非常郁闷，也对亲戚朋友很不满，觉得他们很狂妄，说这些话是为了嘲讽自己。因此，她见到这些人都躲着走，生怕他们问起孩子的事情。

针对这种情况，在讨论时我一连串地追问她："不排除个别人有尖酸刻薄的心理，但这些人的话，有没有善意的成分？遇到困难时你是否会向他们求助？虽然他们说这些话时没有照顾你的感受，但大宝的现状确实如此，我们是接纳还是逃避？既然他们能把孩子教育得不错，我们能否向他们讨教一些教育的经验？面对亲戚说的这些话，怎样回应才能既接受对方的好意，又保护孩子的自尊心？"

这样的讨论让妈妈渐渐认识到，其实多数的亲人都是善意的，是自己把敌意投射到了亲人身上，结果连人家的好意也一起回绝了。她也因此陷入了孤立的境地，遇到困难时得不到理解，更得不到帮助。这位妈妈进一步认识到，大宝也复制了她的思维模式，一旦遇到批评就会充满敌意地对抗，全盘否定对方，也听不进去对自己有益的话。

在咨询中，我们也非常注意对细节的打磨。比如，有一天孩子出现了一个令人意外的改变，孩子晚上 7:30 就完成了作业。对于一般的孩子来说这不算什么，但对于大宝来说这无疑是破天荒的，我们高兴得不得了。这时我忽然冒出一个主意："我们给孩子发一个'证书'，说他破了家里的吉尼斯纪录，怎么样？"妈妈也赞同这个想法，她先打了个草稿："某年某月某日，某同学晚上 7:30 完成作业，破了家里的吉尼斯纪录。"我觉得这个说法过于平淡，不足以表达我们喜悦的心情，就改成了如下内容："某年某月某日，我怀着平静的心情走进家门，却听到一个爆炸性的新闻：×××同学晚上 7:30 就做完作业啦！啊，这是真的吗？简直不敢相信自己的耳朵！我和爸爸都心花怒放、手舞足蹈、眉开眼笑。这是大宝作业完成得最快的一次，破了咱们家的吉尼斯纪录啦！"第二天，妈妈告诉我，孩子的反应是"欣喜若狂"，亲自把证书贴到了墙上。后来，妈妈又告诉我，接下来的几天，大宝总是念叨吉尼斯纪录，他说："妈妈，真没想到我能得这个奖！"而且，大宝睡觉前都要看几眼呢。我们绞尽脑汁，就是为了让孩子体验到这令人陶醉的感觉。

做咨询的过程，往往是逢山开路、遇水搭桥，遇到什么问题就得解决什么问题，有没有效果，第二天就见分晓。这个过程需要直面困境，有时候还会很琐碎、很疲惫，但是我之所以非常喜欢这个过程，就是因为我们能得到这样的惊喜，能看到孩子的改变。这份喜悦支撑我不断地探索。

当然，这个过程中也会出现矫枉过正的情况。最开始，妈妈的任务是控制自己的情绪，不再打骂孩子，学会识别孩子的情绪，满足孩子的心理需求。通过长时间的努力，妈妈基本做到了，但是关于什么该管、什么不该管，以及如何划清二者的界限，妈妈陷入了困惑之中。有时候，妈妈不知不觉走入了放纵的误区，妈妈甚至觉得孩子有点"欺负"她。比如，大宝做作业时一直和她闲聊，而妈妈只能耐心地听着，如果妈妈阻止，他就会生气。妈妈很珍惜来之不易的和平状态，于是有一段时间妈妈就由着孩子说，结果是大宝常常完不成作业。关于如何拿捏教育的尺度，我们结合类似的例子进行了深入的讨论，最后总结出一个原则：温和对人，坚定对事。要坚定地阻止边做作业边聊天的情况，将做作业和闲聊分开。同时，完全可以用温和的态度处理这件事情，不需要批评责备孩子。后来，妈妈告诉我："我发现，当我先放低姿态，柔声细语地说，再加上温和的面部表情时，大宝很容易接受。平时他经常眉飞色舞地给我讲学校发生的故事，如果是正写着作业，大宝就开始和我闲聊，我会什么也不说，就看着他，用头示意一下作业，他就会突然说'我写完了再和您讲'。"妈妈的行为，很准确地诠释了"温和对人，坚定对事"的原则，大宝也会主动为妈妈划定行为的边界。同时，大宝也会主动为妈妈划定行为的尺度，他和妈妈约法三章：第一，不能嚷；第二，不能用手指人；第三，不能随意打断他。

这个约定让我们感到很欣慰，因为大宝渐渐学会了用积极的方法与妈妈沟通。

在关于大宝的咨询过程中，我们还遇到了一个少见的问题——提笔忘字。大宝不但写字速度非常慢，而且经常忘记一些简单字词的写法。比如他经常问妈妈，"可以"的"可"怎么写？"同学"的"同"怎么写？如此简单的字词都记不住，而且是大面积遗忘，让妈妈非常崩溃。也正因为这样，孩子非常害怕学语文，有强烈的畏难情绪，每天的语文作业都会占用他大量的时间。我发现随着孩子和妈妈情绪的共同好转，大宝的记忆力有所提高，遗忘的字在减少，但记忆能力还是低于同龄人的水平。

有一段时间我比较关注呼吸问题。我从一本书上了解到，静坐对人的状态有一定的好处。我忽然想到了大宝，虽然他的变化已经很大，妈妈也非常注意教育方法，但这个孩子从小一直生活在冷落和责备中。在家里父母会打骂他，在学校里因为学业落后、不守纪律，他经常被老师批评，也总是被同学排斥。有一段时间，他和同学关系很紧张。这样的处境让孩子长时间被负面情绪包围，他的心理一定会处于一种防御状态，处在这种状态久了，身体也会习惯性紧张。所以我建议大宝的妈妈每天让孩子练习一下深呼吸，尽量每天拿出一点儿固定时间来练习。考试之前孩子坐在考场时，也建议他先做几个深呼吸。

过了一段时间，大宝妈妈非常高兴地告诉我，练习深呼吸快一个月了，孩子已经养成了习惯，不做都别扭。练习的效果非常好，大宝出现了一些新变化：老师说他比以前表现得好多了，更坐得住了，注意力也集中了，课外班老师也给出了同样的反馈。而且，大宝不爱闹脾气了，有想法时会用语言沟通，家里人都夸他懂事多了。最显著的改变是睡眠，以前哪怕很晚才睡，大宝躺在床上翻来覆去也要很久才能睡着，现在做 10 个深呼吸，躺下五六分钟就睡着了，睡眠质量提高了。成绩也全面提升，各科都在 90 分左右，只是作文还差一些。

大宝的班主任告诉妈妈，她发觉大宝变了：一二年级时觉得这孩子问题特别多，上课走神，下课在座位上坐着，没人理他，他也不理别人。老师批评他，他就直勾勾地盯着老师，眼神里带着怒气，让人觉得很冷、很可怕。但最近，他的字词错得很少，期末考试，老师算定了他会不及格，结果他只有两个词不会写。而且，他现在开始展露活泼的天性了，和同学一起玩也很开心。也不抵触写作业了，原来遇到不会写的字词他就会停下来，一节课只写十几个字，现在满篇仅错几个词。最大的进步就是会的字词更多了。

说实话，看到大宝妈妈的反馈我也很惊讶。我只是估计这个办法对大宝有效，但没想到效果这样明显。妈妈说她当初也没觉得深呼吸会有效，只是想试试，看来是"对症"了。这也印证了我的猜测：大宝习惯性地处于紧张状态，深呼吸缓解了孩子的内在紧张。现在看来，孩子记不住字词不是记忆力的问题，而是情绪的问题。深呼吸的方法恰好非常适合他，帮他放松了身心。

我发现，绝大多数人，包括我自己在内，都会无意识地处于紧张状态，只是每个人程度不同而已。处于紧张状态，人的身体会显得很僵硬，有心理学家称之为"反柔软状态"，而回到"柔软状态"的方法，恰好是深呼吸。

大宝妈妈说孩子期末数学成绩是 98.5 分，其余科目的成绩还没出来，估计这次作文没写好，孩子自己说这次的作文题目他没写过，下次要早点准备作文。这段时间，孩子比较主动，自己安排时间，同时还给妈妈安排事情，妈妈基本会听他的。比如，他怕黑，让妈妈坐在房间里看书陪他，但会提前告诉妈妈不许说话、不许催他。比如，"我知道自己该怎么做""我就烦你说话，你不用说，我停一会儿就会写""我保证到点完成"。如果没完成，大宝自己会总结哪个地方耽误时间了，让妈妈过十分钟再提醒一次。

妈妈说："大宝目前的状态比较稳定。他没做到时我说了他，他会主动到我身边来让我搂着他，然后说，'您错怪我了，我不是不想写，我是想过一会儿马上就写，您不用说'。"

大宝能这样表达心里的想法，我们非常开心。现在的大宝与以前相比，简直判若两人。

此前，大宝在学校经常打架斗殴，遇到不顺心的事他就会伸手摆平。有的同学经常讥讽他："你是天才，你是天生的蠢材。"他从不和他们讲理，动手就打。跑步时跑不过同学，就拦住同学打，人家也不示弱，大宝打不过别人就咬，最后总免不了和同学一起被老师批评。还有一次，大宝一巴掌打在同学的耳朵上，同学哭着说什么声音也听不到了，妈妈只好带着那个被打的孩子到医院做了全面的检查……

因为这样的事太多了，妈妈经常被老师叫到学校，老师对妈妈说："你的脾气一定很大，因为孩子的行为都是和家长学的。"当时妈妈感到很委屈，说自己能用的方法都用了，是因为没别的办法了才打孩子。后来妈妈慢慢学会了解孩子的心理，她说："孩子的确是跟我学的，每当我讲道理时，他不听我就会打他，实际上，我是在强迫他按照我的要求去做。大宝也是在学我，他希望别人都按照他的想法去做，没达到目的就动手解决。想到这些就觉得可怕，这样发展下去，就是在为社会培养一个暴徒。"

妈妈首先学会了控制自己的情绪，然后学会了用温和的语言引导孩子。关于如何判定自己的引导是否有效，妈妈总结了一个心得："看孩子的反应，如果孩子听进去了，他的眼睛是亮的！"妈妈举了一个例子，大宝经常和同学打架，每次问起原因，大宝都说"是他招惹我"。有一次，妈妈先让自己冷静下来，不发火，思考怎样开口能单刀直入，说到他心里去。妈妈问："他招惹你，你不理他会怎样？"大宝说："他会继续招惹我。"妈妈说："那你冲着他微笑会怎么样？"大宝哈哈大笑，眼睛亮亮的："妈妈，为什么要微笑呀？您怎么不嚷我了？"妈妈通过对比发现，以前大宝在学校与同学打架，她都会用发脾气处理，其实孩子根本没听进去，也没有学会其他的处理方法。这件事情之后，每当大宝与同学发生冲突时，妈妈就和他坐在一起分析：这件事大宝对在哪里或者错在哪里，还有没有更好的解决方式。两人商量着决定，看谁能集思广益，看谁想的方法多，然后选出一个最合理的方法，下一次再发生类似事情时就用这个方法试验一次，看效果怎么样。

以前大宝在班里一个朋友都没有，人人都躲着他走，有的时候他每周都会制造一两起打架事件。后来打架的次数越来越少，到现在已经有半年了，一次打架事件也没发生。他和同学的关系也越来越融洽，大宝还经常把自己的玩具、图书借给同学，也开始有同学到家里找他玩。

在咨询的后期，大宝的自觉性越来越高，我们开始尝试放手。此前，这位妈妈什么事情都会代劳——刷牙水、洗脸水都事先打好，他出门时帮他背书包，写作业时全程陪同。后来我们尝试让孩子每天说出自己的安排，让妈妈仅提供一些简单的指导，然后放手让孩子去做。现在，大宝基本能独立完成作业，不再需要妈妈的介入。妈妈说："以前什么都帮孩子做了，孩子却并不快乐。现在学着放手，孩子自己成功完成一件事情后，脸上总是会洋溢着满足的笑容。"

我对妈妈说："虽然大宝在小学阶段出了这么大的问题，但长远来看，也未必全是坏事。你看，他现在非常善于用语言沟通，而不是像以前那样用闹脾气表达不满。另外，孩子慢慢学会了安排时间，也学会了及时总结得失并做出调整。"妈妈说："对，就是这样，以前我发脾气，他也发脾气，现在我们都用语言沟通，而不是用负面情绪沟通。"

大宝的表现曾经让他的父母陷入绝望，也正是这样的表现为他的父母敲响了警钟，敦促他们面对自己的人生议题，实现二次成长。大宝通过这样激烈的方式拯救了父母，使父母的人生更加完整，同时也拯救了自己，使自己不会重蹈妈妈童年的覆辙。我不得不再次感叹：每个孩子都是天使，请给他们一个适合天使成长的环境！

孩子的提问，有时让人觉得莫名其妙，该如何回应

珍视孩子的好奇心，把握教育契机，让孩子爱上学习

有位深圳的妈妈对我说，她6岁的儿子看起来总是很迷糊，说的话莫名其妙，有时还会让人哭笑不得。我问她具体的情况，她举了两个例子。

比如，妈妈开车时，母子俩曾有这样的对话。

儿子："妈妈，车灯为什么会闪？"

妈妈："要变道。"

儿子："为什么变道就会闪呢？"

妈妈："要让后面的司机知道。"

儿子："为什么要让后面的司机知道？"

妈妈："我们要变道了，当然要让后面的司机知道呀！"

孩子又重复了一句："为什么要让他们知道呢？"

妈妈觉得孩子有点不可理喻。还有的时候，他会坐在车上说："再有 1 000 米就到北京啦。"

在妈妈看来，孩子的话像是在胡说八道。

听完，我问妈妈："关于开车变道的事情，你觉得孩子是故意捣乱，还是真的不懂呢？"妈妈说："他应该懂了吧，我已经说得很明白了。"是的，我们以为自己说得很明白，孩子就应该懂，但其实我们并没有解开孩子心中的疑团。听了妈妈的描述，我对妈妈说："估计孩子没有理解变道和闪灯之间的关系，一个 6 岁的孩子没有开车的经验，他的理解非常简单：变道就变道，为什么要闪灯呢？还要让后面的司机知道，关后面的司机什么事儿？"妈妈说："看来他可能真的不知道。"对成年人来说，变道时要闪灯，让后面的司机有心理准备，避免发生碰撞，是常识，但对孩子来说，这是新知识。那么，如果用讲解常识的方法讲解新知识，孩子肯定会觉得云里雾里。

我告诉这位妈妈，对于新知识，我们不但要让孩子知道"是什么"，还要让他理解"为什么"，这样才算真的讲明白了。比如这个交通规则，妈妈讲了半天，只是回答了"是什么"——变道要闪灯，但没有回答"为什么"——变道与闪灯之间的关系。

妈妈问我怎样才能让孩子明白，我告诉她一个思路。我们不妨逆向提问："如果我们不闪灯，后面的司机不知道我们要变道，假设他又开得很快，会怎样呢？"孩子只要思考一下，通常就能想出答案——发生碰撞。然后我们可以问孩子："两车碰撞在一起，是不是很危险？车会受损，人也会受伤吧？有什么办法能避免碰撞呢？招手有用吗？喊话能听见吗？你还能想出更好的办法吗？"这样慢慢引导，孩子会发现，闪灯是最安全、最有效、最聪明的方法。然后，我们还可以引导孩子继续观察：除了变道，我们还有什么时候需要闪灯？每种闪灯的含义都是什么？道路上方的各种标志，以及路面上各种线分别是什么意思？为什么要这样呢？没有会怎样？通过这一系列的观察和讨论，孩子不但了解了完整的交通规则，还理解了每项交通规则背后隐藏的知识。孩子自然会发现，交通规则是保护大家的，也会更愿意主动遵守交通规则。

我们都非常关心孩子的学习态度，希望孩子爱学习，却常常忽略另一个问题：有的孩子很想好好学习，也付出了很多时间与精力，结果却不太理想。也就是说，光有学习态度还不够，还要有与之相匹配的学习能力。每个孩子都有天然的好奇心，这是学习能力的发源地，从出生的那一刻，学习就开始了，孩子在一刻不停地探索这个世界。遗憾的是，这种探索的本能常常被人为地"消灭"。培养孩子学习能力的路上，最大的"敌人"就是轻视孩子的"为什么"，漠视孩子的困惑。孩子小的时候常常会问一些可笑的甚至没有办法回答的问题，比如：鸟为什么会飞？长颈鹿的脖子为什么那么长？石头为什么没有腿？人为什么会死？星星为什么那么小？土里为什么能长出小草和大树……

被孩子问烦了，我们常常敷衍孩子说"本来就是那样的"，这等于没有回答。有一次鹏鹏小朋友问他妈妈："自行车的轮子为什么会转呀？"妈妈告诉他："因为轮子是圆的。"我发现鹏鹏仍然一脸困惑地站在那里，就走过去问鹏鹏："你是不是想知道，你只是踩了踏板，为什么轮子就转起来了？"鹏鹏使劲地点头。于是我把自行车倒了过来，然后用手摇动踏板，让鹏鹏观察发生了什么。他饶有兴趣地看了很久，眼睛里闪耀着好奇的光芒，我告诉他，与车轮和踏板固定在一起的零件，叫作齿轮，带动两个齿轮转动的是链条。我没再多说什么，但我相信，以后他上物理课学到齿轮时，一定会想起这一幕。再比如，孩子问"鸟为什么会飞"，如果我们只告诉孩子"因为鸟有翅膀"，就是只回答了最表层的问题。其实我们还可以就此引申出很多有意思的话题。比如，家里养的鸭子也有翅膀，为什么飞不起来呢？我们不妨引导孩子观察各种鸟，慢慢地孩子就会发现，能不能飞起来与鸟的翼长和体重都有关系。其实，这个话题已经涉及了一点空气动力学。另外，不同的鸟，飞的高度和姿态也都不一样，有的鸟还有特殊的本领，比如滑翔、悬停、俯冲、翻飞等。如果孩子感兴趣，可以更细致地了解不同的鸟类，孩子由此或许会对动物学产生好感，并惊叹于生物的神奇。

学习，往往都是从有价值的问题开始的。我曾经向许多妈妈建议，当孩子问"为什么"时，除了认真对待、认真回答之外，不妨做一些统一规格的卡片，将回答不了的"为什么"先记录下来，并放在一个专门的盒子里，做成一个储蓄"为什么"的银行，这几乎是最好的教科书。其实每个孩子都是哲学家，他们常常问出一些非常深刻、非常核心的问题，而且问题的覆盖范围非常广泛，几乎囊括了天文、地理、生物、化学、物理、数学、历史等人类的全部学科。这些"为什么"也几乎是最好的知识路线图。我们不妨和孩子一起追踪答案，开始知识的发现之旅，带着问题来阅读、上网查找资料、请教老师和亲人朋友，每寻找到一个答案，就记录在卡片后面，并庆祝每个并不新鲜的"新发现"。通常，在一个"为什么"被解决时，又会衍生许多新的"为什么"，通过追踪这些"为什么"，孩子慢慢就织成了一张完整的知识网。这个"织网"的过程是主动的、愉悦的，充满了探索新知的乐趣。并且这些知识都是融会贯通的，孩子通过探索得到答案，既知其然，又知其所以然。而且孩子之后可能会发现，课本上的知识他早就思考过，甚至自己当前的知识储备已经远远超越了课堂的内容。

当然，和孩子一起探索的过程，也是对我们的耐心和好奇心的考验。孩子的好奇心涉及全方位，而我们的好奇心往往会随着年龄的增长而流失，我们会更关注"有用的"和"需要的"内容。与孩子相比，我们的好奇心已经严重萎缩。所以我们不要用自己的认知界限框定孩子，应跟随孩子的脚步，单纯地体会那些"没用的"知识带来的乐趣。另外，孩子的知识面会渐渐扩展，如果我们希望与孩子有交集，哪怕部分地参与孩子的探索，这对父母来说也是一种挑战，是一个技术活儿。因为这不但需要耐心，还需要毅力。当然，这也是一种精神上的陪伴，是一种高质量的陪伴。

相反，如果我们轻视孩子的"为什么"，敷衍孩子的问题，甚至阻止孩子问"没用的"、考试不考的问题，那么孩子的探索链条便会出现断裂，并因此失去学习的灵魂——主动探索的精神。当孩子进入被动学习的状态时，他仿佛就成了一个被灌输、被填充的知识容器，只会机械地记忆结论，很难洞悉知识之间的深层联系。如果仅仅把知识储存在大脑里，不能灵活运用，那不是真正的知识，而是知识的"残骸"。许多家长抱怨孩子"被动、不自觉"，我们不妨回头看看，自己是否做到了珍视孩子的好奇心，自己是否认真对待了孩子五花八门的"为什么"。没有了主动探索的精神，学习注定会成为"苦差事"。

也许你会问，既然书本上都有答案，那么我们直接告诉孩子结论，不是最高效的学习方式吗？确切地说，这是高效的储存知识的方式。学习，至少包括储存知识和发展能力两个目标，从某种意义上说，发展能力是更核心的目标。能力的发展是在探索的过程中实现的。这个探索的过程会综合运用并提升一个人的观察能力、理解能力、分析能力、概括能力、沟通能力、表达能力等各项能力，相当于让孩子重走了科学家发现知识的路径。爱因斯坦说过一句很经典的话："什么是教育？当你把学校教给你的一切知识都忘掉，剩下的就是教育。"课本上的那些知识，就算忘了也可以很快查阅到，教育最关键的是通过学习知识获取学习的能力。这便是"授人以鱼不如授人以渔"的道理。

常常看到一些家长硬生生地给孩子灌输一些知识，孩子却很排斥的场景。其实，这主要是因为没有把握好教育的契机，可能我们想讲的时候，并不是孩子想学的时候。教育的契机通常是等来的，当孩子问"为什么"时，当孩子犯错时，当孩子感到好奇时，机会便来了。以上文中那个6岁的男孩为例，如果家长心血来潮教他长度单位，会显得很突兀，孩子也会感觉很枯燥。而当他说"再有1 000米就到北京啦"时，也许他只是说着玩，并不懂得1 000米有多远。此时我们不妨以此为切入点。比如，车再向前走一段，可以问问孩子："到北京了吗？你能说说1 000米有多远吗？"从孩子的回答中，我们便可以判断出他是真不知道，还是说着玩。平时在开车的过程中，可以告诉他，1 000米大约有多远。在此基础上可以引申出一个长度游戏，比如，你知道1米有多长吗？1厘米又是多长？如果孩子不知道，我们可以找一把尺子和孩子玩测量长度的游戏，比如，和他一起量桌子有多高、窗户有多宽、走廊有多长，或者30米可以几步走完。为了增加趣味性，还可以先估计后测量，和孩子一起互相出题、互相验证。总之，玩过这个游戏，孩子以后对千米、米、分米、厘米都能有概念，也能估算出一些东西的大致长度。这不恰好是数学课上要学的内容吗？如果我们通过游戏在恰当的时机教会了孩子，等孩子再学习时便不会有陌生感。如果一个新知识里包含了孩子熟悉的内容，就特别容易使其产生共鸣。既然孩子提到了北京，不妨拿出地图，让孩子找找北京在哪里，看看深圳与北京之间的距离有多远。如果去北京，要经过哪些省份、哪些城市，这也能让孩子间接地了解地理知识。

许多孩子之所以觉得学习痛苦，是因为有时被压抑了自由探索的空间。此外，班级授课制虽然高效，却很难照顾到每位学生的个性和兴趣点。而家里则是最适合因材施教的地方，千万不要把家里弄得像学校一样严肃。因此，我不主张把学习和生活割裂开来，也不主张把学习和游戏对立起来，我们完全可以在生活中寻找学习的乐趣和契机，恰到好处地点拨孩子。通过游戏，无须正襟危坐，孩子在不知不觉中就学会了知识。没有痕迹、没有负担、没有意识的学习，才是学习的最高境界。我们往往忽略了生活的契机，却花费金钱和时间，依赖兴趣班培训某种单项能力，颇有些舍近求远。

孩子写作业特别慢，
经常为此发生亲子对抗

——

顺应孩子的要求，及时肯定、回应孩子的积极行为

这里有一篇家长给我的日志，这个孩子因为作业写得慢，放学时经常被留下写作业。孩子在家里做作业的速度也很慢，母女俩经常为做作业发生矛盾，亲子关系比较紧张。我给出的第一个建议是不要再和孩子对抗，注意回应孩子的细微情绪。在咨询的第一周，我们看到了转机。

家长日志如下。

回到家是下午 4:15，孩子一进门先吃东西，然后转来转去，就是不提写

作业的事。我没有正面提醒她，只是说："咱们如果 6:30 写完作业就去外面吃饭，如果写不完就在家凑合吃点。"

到了下午 4:50，孩子说要开始写作业，可她真正坐下来已经到了 5:00。她选择先写英语："老师说作业比较难，可以做，也可以不做，但是必须自己完成。"她拒绝了我的辅导，也拒绝我帮她检查，不让我看。听她的意思好像是有不会的题没做，英语作业用时 20 分钟。

接着，在写语文作业时，孩子开始一项一项地看记事本，很随意的样子。我对她说："赶快看完，有哪些作业需要写就马上写，这样更快啊！"孩子厌烦地说："我最烦你说这些！"我转身进了其他房间，没再理她。她自己说了一些表达不满的话后，开始写语文作业。过了一会儿，孩子叫我帮她记录写每项作业时分别消耗的时间。

写作业期间，孩子很反感我在她旁边，而且我必须按照她说的帮她听写，而且必须按她要求的方式做，否则就会有情绪。我基本会听从她的口令。她写"看拼音写词"用时比较长，我中间提醒过她一次："我去熬粥吧，时间要超过 6:30 了。"孩子不答应，说我说话不算数。后来听写时她的速度很快，我开始表扬她，之后她的动作明显更快了。看时间快到了，孩子露出焦急的表情。我说："后来写得很快，进步很大，可以延长 10 分钟。"孩子很高兴，执意要读完英语再去吃饭，结果老师发的网络地址打不开，没办法完成。

吃完晚饭，孩子说想到小姨家玩一会儿，我跟她商量好，"我一叫你咱们就走，晚上 8:00 要准时到家"，孩子很痛快地答应，并很高兴地做到了。

回来后，孩子主动要求听写剩下的英语，结果还是没能打开网址，我提醒说："你这两天该读的还没有读呢，要抓紧呀，下周要考试了。"孩子也痛快地答应了，读得很认真。

我建议和孩子比赛洗漱，孩子不仅一口答应，动作也很快。睡前，我在床上为她读故事时，孩子听得很投入。

这一天我和孩子相处得很好。

纵观全篇，前半部分显示母女俩一直处于对立状态。孩子讨厌被监督和不断催促，妈妈则希望孩子能自觉地写作业，并听从自己的叮嘱。母女双方都很容易生气，也易引发冲突。放学后，孩子在家里转来转去，迟迟不写作业，妈妈很着急，便与孩子约定，下午 6:30 完成作业就外出吃饭。在做作业的过程中，孩子拒绝妈妈的帮助，也不让妈妈检查，妈妈觉得孩子随意地看记事本太浪费时间，提醒了一次，结果孩子更加厌烦。听写时，孩子严格限制妈妈的行为，避免任何可能的提醒、催促和唠叨。以前遇到这种情况，妈妈的处理方法是教育孩子乃至训斥孩子，这往往成了冲突的导火索，也让双方都不易控制情绪。

其实，"控制情绪"是一个使用范围比较宽泛的一个词儿，在处于对立的状态时，首先需要控制的，是过激的语言和无谓的行动。从这位妈妈以往的经验看，直截了当地责骂孩子并没有解决当下的问题，反倒让亲子关系更加紧张。当然，后来妈妈改变了策略，并没有继续指责孩子的反感和所谓的"控制"行为，而是顺应了孩子的要求。在孩子闹情绪、抱怨妈妈说话不算话时，这位妈妈没有继续纠缠这件事情，而是寻找新的话题，肯定孩子听写速度变快的进步表现。

这时候，那个消极、拖沓、烦躁的小女孩不见了，取而代之的是一个高兴、负责任的小女孩。这像不像变魔术呢？妈妈便是那神奇的魔术师。其实，魔术师也不过是说了一句肯定的话而已。妈妈感慨："如果抓住孩子的心理，小孩儿其实挺好哄的，表扬完她，感觉沟通顺畅多了。"

我问妈妈："孩子执意要把英语读完，你怎么看待这个行为呢？"妈妈说，要是以前，她会说"回来再读吧"。我继续追问："这次孩子为什么执意要读完呢？猜猜孩子的心理吧。"妈妈说："不好猜。"

平时因为慢，孩子不知道挨了多少批评。这次在不大愉快的氛围中，妈妈不再纠缠而是突然转向，表扬女儿听写时写得快。于是孩子受到鼓励后有意识地加快速度。可是时间已经很紧张了，这时妈妈又说，因为孩子进步很大，所以延长 10 分钟。对孩子而言，今天的太阳仿佛从西边出来了，不但没有像预想中一样被催促和指责，而且得到了肯定与宽容。今天的妈妈是多么通情达理呀！这时候，孩子的心情一定是很舒畅的。那么，孩子怎样把好心情反馈给妈妈呢？少数孩子会用语言来表达，比如："妈妈，你今天对我真好，我很高兴。"但是大多数孩子都是直接付诸行动。根据我的观察，孩子往往会投桃报李。当他们被温暖、愉悦、轻松的感觉包围时，就会主动选择做得更多、更好、更完满，并顺便以此回报大人。小孩子天生都是行动派，他们喜欢用实际行动与大人呼应、沟通，却不多说什么。言外之意是：妈妈，我做得这么棒，你一定会发现吧！

不过，孩子往往高估了大人的观察能力。这个微妙的细节在多数人的眼里可能没什么大不了的——不就是坚持要看完嘛，这本来就是你应该做的，好孩子就该这样！于是，孩子回馈了父母，却没得到进一步的回应。假设妈妈当时回应了孩子的积极行为，孩子的状态可能会更好，会带给我们更多的惊喜。其实，亲子关系的增温，说难就难，说不难也不难，因为转机随处可见，关键是要善于捕捉。

仔细梳理前文案例我们会发现，转折就发生在妈妈的肯定与孩子的回馈之间。在这之后，孩子如愿地到外面吃饭，心情大好；妈妈约定晚上 8:00 离开小姨家，孩子很痛快地答应，并很高兴地做到了；回家主动听英语，也不再抗拒妈妈的建议，表现出少有的顺从；与妈妈比赛洗漱，速度很快；在床上听妈妈读故事，也很投入。

　　这的确是母女相处得很好的一天，而转折点竟然只是一句带着宽容和鼓励的话。如果我们理解了孩子投桃报李的心态，就会看到这个行为背后的积极意义。我们有足够的理由相信，这个孩子会越来越好。她不是个"慢小孩"，也不是"答应得很好，就是不见实际行动"的孩子，她用实际行动证明，自己可以改变。当然，孩子的反感与排斥，也会通过行动告诉我们。所以，我们不要总想着制服孩子、消除孩子的负面行为，也要反躬自省：孩子在用反感和排斥，表达怎样的诉求？

　　作为大人，我们更习惯于对孩子讲道理。你会发现，即使我们说得天花乱坠，孩子也未必能将道理很好地"转译"为积极的行为，所以，讲道理通常是一种低效的方法。孩子的情绪、态度和努力，都蕴藏在行动中，与语言相比，用行动与孩子沟通更直接，也更有效。当然，识别孩子的行为并不容易，对很多家长来说这都是一个很大的挑战。解读孩子行为背后的含义是一种能力，这需要我们对孩子的行为进行连续的观察，并保持敏锐的反应。这位妈妈在孩子烦躁抱怨的情况下，用实际行动扭转了整个事情的走向。如果能在孩子的细微行动中捕捉到更丰富的信息，并继续用实际行动与之呼应，那么，我们应该能看到孩子更积极的一面。

　　并不是每个导火索都会引爆弹药库，并不是每个不愉快都会导致激烈的冲突。亲子之间发生小的摩擦是很平常的事情。针对孩子不尽如人意的行为，哪怕双方已经处于胶着状态，我们依然可以做出选择：用温和、灵活、四两拨千斤的方式处理，结果往往会皆大欢喜。因此，别为了一时痛快，对孩子恶语相加。每一句冰冷严厉的话，都会如同烙铁一般，深深刻印在孩子的内心深处。从后面的咨询进程来看，这件事情是转变亲子关系的开始。只要我们审慎地处理好每个细节，即使是看似严重的问题，也不难解决。孩子的转变，孩子的成长就是自然而然的事情。

孩子回家总是先玩耍，
后写作业

——

肯定孩子的点滴进步，激发孩子宝贵的内在动力

　　通过对比发现，不管是在咨询中，还是在平时与孩子玩耍的过程中，我都特别容易被孩子的细微改变所打动。每当看到孩子主动改变自己时，我的心中都充满了怜爱——这么小的孩子主动选择积极的行为，至少证明两点：他有选择的能力，而且他的内心倾向于做出积极的选择。这种能力和倾向预示着孩子的成长态势。如果一个孩子始终能听从自己内心的声音做出积极的选择，他必将遵循自己的天性自由成长。这不正是我们孜孜以求的教育目标吗？所以，我非常重视孩子的自发行为，只要孩子主动改变自己，那么即使

是很微小的改变，也会令我欣喜不已。而且我始终坚信，真正的成长要靠孩子自动自发，外力的强迫是走不远的。可是有些人对此却无动于衷，我对此很困惑：孩子有这么大的改变，多值得高兴啊！

慢慢地我明白了，其实我眼里"很大的"改变，在其他人眼里根本不值一提。比如，孩子平时回家都是先看电视、吃东西、玩耍，某一天他回家后却先做作业了。这个变化在我看来非常不简单。可家长的反应往往是满意中带着淡定，认为这不过是调整了几件事的先后顺序，转而又说："就这一次而已，谁知道以后能不能保持呢？"听了这话，我都替孩子感到心灰意冷。在我看来，如果这样看待孩子的改变，孩子后面继续保持的可能性微乎其微。

从表面上看，孩子只是调整了一下做事顺序，这是我们都能看到的。这个变化是怎样发生的呢？想回答这个问题，就要进入孩子的"后台"，理解他的内心世界。

我常常沿着孩子的状态变化猜测他的改变过程。孩子回家先看电视、吃东西、玩耍，这肯定是他喜欢的状态，也是习惯性的安排。但是，孩子往往在这些事情上花了太多时间，导致后面做作业的时间很紧张，这也会招来父母的批评。另外，就算父母不批评他，做作业时间不够，孩子也难免会有轻微的自责，说不定也曾暗下决心：明天一定得早点儿！可是到了第二天，玩的兴头又占了上风。等玩过了头又难免自责、慌乱，仿佛内心被两种力量互相牵扯，左右为难又顾此失彼。这样日复一日，孩子生活在父母的批评和自我挫败的氛围中，渐渐陷入了想改变又管不住自己的泥潭，这会让孩子感到非常绝望。

总有一些因由会促使孩子下定决心改变自己，可能是不想再听到父母的唠叨，也可能是不想生活在后悔和自责中，还可能是被老师批评了，或者羡慕同学的好成绩……终于在某一天，孩子尽全力抵制电视、玩耍的诱惑，逼迫自己坐在了书桌前，这便是我们看到的改变。当然，在此之前他说不定还经历过很多不成功的尝试。这只是开始，做作业的过程中，电视、玩耍、零食……会像"魔鬼"一样在诱惑他。孩子必须克制住自己，延迟满足这些愿望，一直坐在书桌前并坚持把作业做完。作为一个曾经的资深淘气鬼，我深深理解孩子这种内心的挣扎和煎熬。

在这样的背景下，如果孩子顶住了电视和玩耍的双重诱惑做完了作业，他不但会长出一口气，还会觉得自己很了不起，战胜了无数诱惑他的"小恶魔"，超越了从前的自己。此时此刻，他终于可以"挺起腰杆做人"，坦然地看电视、玩耍。在父母问起作业时也不再羞愧难当，而是理直气壮地或者还假装轻描淡写地说："写完了。"其实他心里早已得意扬扬。在这样的状态中，孩子希望得到什么呢？他肯定很希望父母注意到自己在"写完了"三个字的背后，经历了怎样的挣扎与克制，他希望有人能理解那份战胜自我的愉悦，希望有人明白这个改变是多么来之不易。

如果在孩子的"后台"转了这一圈，对孩子的欣赏之情就会油然而生。我们没有理由不兴奋，如果一个孩子有了这份动力，他会一直攻无不克、战无不胜！所以不要羡慕别人家的孩子，因为每个孩子的内心都曾涌动这股力量，关键在于我们为此做了什么——我们是在增进这股力量，还是在掐灭这股热情？

我们不妨再次进入孩子的"后台"。如果父母对他的改变无动于衷，认为孩子不过是做了他应该做的事情，那么，孩子不但将跌入巨大的失望，还会陷入深深的疑虑：我感觉来之不易、满心欢喜，父母却感觉平淡无奇，仿佛我大惊小怪，难道是我的感觉错了吗？久而久之，孩子会不再信任自己的感觉，也不再看重努力之后的充实和喜悦，孩子的热情就这样悄无声息地被湮灭了。事实上，父母的肯定和鼓励是孩子最宝贵的内在动力。还有的家长在这时会马上循循善诱："今天很好，不过，一天这样不算什么，要天天这样才是好孩子！"这话听起来很有道理，但在孩子看来，这样的父母是多么"贪得无厌"啊：我好不容易才做到这一次，你马上让我天天这样，也太难了！算了，我还是先看电视、玩游戏吧，大不了就被你批评两句！孩子内心的天平一旦倾向于即时满足自己，就别再指望他继续保持了。

相反，如果我们理解了这个过程，发自内心地对孩子表示欣赏，分享他的喜悦，就是对孩子的巨大鼓舞。如果我们能不着痕迹地说出孩子最想听的话，效果就更好了。比如："那么好看的电视，你都忍着没看，而是先做了作业，真不容易！"或者问："做作业时，有没有想起电视和游戏啊，想玩的时候你怎么办呢？做完作业感觉是不是很轻松？"类似这样的问题，正是孩子最想谈论的话题，也是孩子最想展示的地方。接着家长与孩子间聊的内容便不再是一次简单的夸奖，而是一次愉快的亲子沟通。

我们的任务是把注意力放在今天的改变上，至于日后怎样，那需要孩子做出选择，不需要我们操心。成长是与生俱来的动力，孩子天生具有自我完善的力量。他有了战胜自己的成功经验，后面想再复制这种成功就容易多了。

可以预想，孩子的改变总是曲折反复的。做到一次已经很难，他未必次次都能做到。他做不到时，如果我们依然愿意进入他的"后台"理解他的"路径"，并付出信任与等待，待孩子跟跟跄跄走过这一段，一定会越来越好。

我向来非常珍视自己的感受，也同样重视孩子的感受。不管是大人还是孩子，都喜欢跟着感觉走。感觉往往是行为的原动力，它指导我们趋利避害。一件事，只有让我们产生了良好的感觉，我们才愿意主动去重复。所以我们的任务不是逼迫孩子做出改变，而是发现孩子的改变，并给予关注和肯定，间接地确认孩子的感觉。当父母和孩子的评价重合时，孩子才会更加信任自己的感觉。此时，我们不必贪得无厌地要求孩子"再接再厉"，这听上去像鼓励，其实是压力。至此，我们的催促、唠叨、焦虑、不安，统统可以"刀枪入库""马放南山"了。

也许你会问，如果父母无法进入孩子的"后台"怎么办？这的确不是一日之功。我的咨询经验告诉我：每个人都有这样的天赋和可能！关键是我们要不断尝试，反复练习。最初我们判断孩子感受的准确度可能不够，这时我们不妨猜测出几种可能，并激活我们的童年经验，进行换位思考。有一点很关键——要参照我们的童年经验，而不是以成年人的经验理解孩子。接下来，我们要对孩子保持连续的观察，并印证自己的判断。如果我们能记录这个猜测和印证的过程并一直坚持，我们解读孩子行为的能力将大大增强。

我并非天生就懂孩子，所谓的理解孩子的能力，就是不断练习的结果。我直到今天都在进行这个练习，并且估计会持续一辈子。

孩子自己做假期规划，
计划每天看 5 个小时电视

—

让孩子完整表达，看他如何安排学习时间

家长日志如下。

周六早上孩子说有个小事，问我能不能给他买一套光盘，哪怕是花他的钱买。我说："本来就反对你看电视，还能给你买？"孩子一个劲儿说光盘如何好看。我说："你这个假期打算怎么过，就像现在这样吗？"我让他谈谈他的计划。孩子说："你说吧。"我说："你的计划，怎么让我说？"孩子说："我计划每天看 5 个小时电视。"我说："我对你的计划不满意，每天除了吃、睡，还能剩几个小时？为什么将看电视排在第一位？"孩子说："那看 4 个小时吧。"后来又改成 3 个小时。我说："要不先计划学习吧？"孩子说："和以前一样。"我说："可以，但要坚持背诗，每天看 20 分钟英语。"孩子说："我每天想看三四个小时电视。"我说："晚上不能看电视。"孩子坚持有球赛时例外。最后，孩子说："每天上下午各学习一个半小时。"我说："开学后取消有线电视。"

这是一个妈妈与孩子"谈判"的片段，过程很简单：孩子提出想买光盘，妈妈要求他说说自己的假期安排。

乍一看，这样的场景很熟悉，也并不觉得有什么问题。但如果仔细读几遍，感觉便不同了。你会发现，亲子间的谈话节奏显得非常急促。

买光盘和假期安排虽然有联系，但其实是两件事情。既然讨论到假期安排，我和这位妈妈探讨了一种可能，如果她等孩子说完再回答会怎样呢？很显然，孩子开口便说看 5 个小时电视，大多数人的第一反应和妈妈相似，都会觉得不合理。但这时，我们不妨拭目以待，看他如何安排其他项目。这个安排过程可能会出现几种情况，比如孩子计划事情的比例失衡，全都是休闲娱乐，没安排学习内容；或者不切实际，所有时间加起来超过他自己的负荷能力，比如一天排出 28 个小时。如果这样，我们完全可以用幽默的方式，善意地调侃他一下，孩子自然会修正。还有一种可能就是排到一半，孩子自己发现排不开，主动削减了看电视的时间。

站在好奇心的角度，我们非常希望看到孩子制订计划的过程。从费心程度来讲，让孩子说完是最省力的办法。如果孩子自己能及时调整，我们何必多费唇舌呢？如果他的计划有亮点，我们可以趁机肯定；如果计划有明显漏洞，我们不妨点拨一二，让他自己去修改，直到双方满意为止。这是孩子费心、大人省力的模式，通过这个过程，孩子学会了怎样制定计划、修改计划。对孩子而言，制定计划绝对是一种了不起的能力，这需要他做到全盘考虑、合理统筹，并学会劳逸结合。

再回顾这位妈妈的日志，我们能清晰地感觉到妈妈的意志力，是妈妈在左右这个计划的进程，而孩子的愿望和意志反倒被模糊了。

你在生活中见过这样的孩子吗？他们不敢坚持自己的想法，遇到反对的声音马上怀疑自己并做出妥协；没有主见，总是喜欢从别人那里"讨主意"。一件事情才讲了几句，便试图寻求认同，总是用探寻的眼神看别人，寻不到便心里没底，甚至说不下去；让渡独立思考的权利，总是问"你说我该怎么办"……

出现上述情况的原因之一，就是家长随意打断孩子，代替孩子思考，帮孩子安排。

我又想起另外一位初三学生家长的日志。

吃饭时，儿子说现在数学作业做得很好，被老师表扬了无数次，很高兴。还说明天要帮老师检查数学作业，说到这里他说了句："明天可以'整人'了。"我说："为什么呢？"儿子说："看见他就不高兴。"我问他不喜欢谁，他说张××。我又问儿子为什么，他说："我们全班好像都不喜欢他。"我说："你为什么不喜欢他？"儿子说不知道。我说："是因为别人不喜欢他，所以你也不喜欢他的吗？"他说张同学长得不好看，我说："长相是他爸爸妈妈给的，跟他无关。"儿子不说话了，还说张同学被收了手机之类的话。我说："你讨厌他，可以不理他，但是'整人'就不好了。"儿子马上说："要是他做得好我也不会这样。"我说："你这样的话，老师让你帮助他检查作业就是错误的，你以前被查到过吗？"儿子说："当然了，不过现在不会这样了，我们同学都这样。"我说："这是小人才做的事，你要做个君子。己所不欲，勿施于人，这句话用在与人交往中是十分适合的。"儿子没说什么。

　　母子之间的话题，从"整人"开始，以"要做个君子，己所不欲，勿施于人"结束，可以说，上升到了很高的道德高度。看完这段话，我问了妈妈一个问题：孩子打算怎样"整人"呢？那个张姓的孩子不招人喜欢的真正原因是什么？结果妈妈回答不上来。虽然母子聊了很多，但这并不是一个完整的交谈，而是"交谈的碎片"。妈妈听到"整人"这个敏感词，便立刻着手教导孩子。谈话的过程更像是对孩子的采访和审问，聊到后面，妈妈的指向性越来越清晰，孩子也明显处于防御状态，最终谈话以沉默收场。

　　我建议妈妈不要打断孩子，不要急着做价值判断，而应该先倾听，弄清"整人"的具体含义。对初中的孩子来说，"整人"可能是恶意的，也可能是善意的玩笑。如果是善意的，这不过是一种夸张的说法而已。从常理来推测，孩子既然能坦然地和大人聊这件事情，就应该不会做得太过火。另外，大家生活在同一个班集体里，"整人"也是有前因后果的，孩子可能"被整"过。同时，他的行动也会带来自然后果，所以我们要相信孩子在平衡方面的智慧和能力，他会考虑自己的处境，把握好行动的尺度。听孩子讲完，如果还觉得孩子的行为不妥，我们可以就具体的事情点拨一二，这种点拨比"要做个君子"之类的话更有意义。而孩子说到张姓同学不受欢迎，则是很好的人际交往个案，我们不妨问问张姓同学都做了什么，有哪些不妥的地方，应该怎样对待他。站在旁观者的角度分析同学的得失，也是整理思路的过程，孩子一定会引以为戒，这种过程本身就在践行"己所不欲，勿施于人"的道理。我向来认为，深刻领悟一个道理的标志体现在行动中，而不体现在口号中。

如果在说话时总是被打断，人们感觉会怎样呢？我曾在咨询中深刻体会过这种感觉。有位妈妈找我咨询，她语速很快，总是不断地转移话题。最终我不得不停下来和她讨论我的感受，我对这位妈妈说："和你聊天的时候，一个话题没说完，你就急着进入下一个话题，而且每个话题都是如此，我感觉很急躁，总想在你转移话题前抢着把话说完。另外，我发现你总是想着下一个话题，并没有认真听当前的讨论，我感到不被尊重。说这些话并不是因为想故意挑剔你，而是因为我的感觉和你孩子的感觉是重合的。你没有耐心听他讲完。孩子既没有充分思考，也没有完整表达，母子都在争夺话语权，根本没心思倾听对方在说什么，结果都只是自说自话，没有形成真正的沟通。这时候彼此都会认为对方'不听话'，想控制对方。这样，孩子急躁、不听话、做事没有计划性、与同学关系不好等问题，就都找到了根源。"

于是，我建议这位妈妈在孩子说话时，把自己想说的话题记在心里，先耐着性子听孩子讲完。孩子讲完后，她还可以等几秒，看他是否有想要补充的内容，然后再讲自己的话题。当然我们也有完整表达的权利，如果孩子打断我们，我们也可以要求他先把想说的话题记在心里，等我们说完再说。我自己有一个习惯，孩子讲完后我喜欢简单概括孩子的要点，比如："你是说想先去找同学玩，顺便买个玩具，回来再做作业，并且会自己安排好时间，是这样吗？"这样做看似多此一举，事实上却可以避免误会，并且能让孩子感觉被尊重，确信我们听懂了他的话。从我个人的经验来看，这样核实一下，后面的沟通往往会非常顺利，哪怕我们拒绝了孩子的要求，他也在这个协商的过程中得到了尊重。

当然，让孩子完整表达也是对父母的考验。许多时候我们过度强调自己的意志，在孩子面前似乎有种"说一不二"的感觉。任何不受约束的权利都必将失控。家庭里没有监察机构，所以，作为家长的我们必须自律。要时刻提醒自己：在孩子面前，我们没有无限的权利。我们要放弃居高临下的姿态，站在平等的位置与孩子对话，允许孩子讲出不同的意见，并且要具有包容的气度与胸襟。在人际交往中，随便打断他人是不礼貌的行为，与孩子沟通时也是如此。

学习计划与思考是一个漫长的过程。都说"人类一思考，上帝就发笑"，孩子一思考，估计上帝得笑得肚子疼。所以，我们不要过于强调思考的结果和正确性，要允许孩子反复地犯错误，不怕孩子犯错，怕的是孩子终止思考，不再犯错。这些思考说到底是一种练习，任何事情都必须通过反复练习才能达到自动化、精确化的程度，而这恰好是能帮助孩子成长的绝佳过程。

我们都希望孩子独立，其实生活上的独立比较容易训练，思想上的独立更难做到。如果我们希望孩子有主见，就不要急于打断他、左右他的思路，而要给孩子空间来完整表达、独立修正自己。

✦ 第七节

孩子不爱写作业，
很难按时间高质量完成

—

"应该"是一个既霸道又蛮横的词语，可分层设立目标

一位妈妈说到一个细节，孩子不爱做作业，总是转移话题、磨蹭，妈妈因此忍不住对孩子发了脾气。

其实，不该发脾气的道理妈妈都懂，她是忍不住才这样做的。我理解她的苦衷，于是换了一个角度问她："你心里是不是有一个目标，希望孩子快速又安静地把作业做完？"

妈妈点头承认。妈妈之所以着急上火，是因为她在心里预设了一个目标，她认为孩子应该做到。以孩子目前的能力来判断，想实现这个期望，他还需要走很长一段路。孩子的行为不符合她的期望，于是她的愤怒就像火一样蔓延开来。

我给她的建议非常简单：放下你心中的期待。这位妈妈感到困惑：不期待，那该怎么办呢？是孩子想怎样就怎样，他做到什么程度我都被动接受吗？当然不是。放下期待的同时，要分层设立目标。通常，家长心中习惯性地认为孩子"应该做某事"，一旦孩子没做到就会失望。这便是我们常说的"期望越大，失望越大"。在我看来，"应该"是一个既霸道又蛮横的词语，这个"应该"武断地制造了很多脱离实际的目标，忽略了孩子的真实水平和具体困难，而且这个目标是一个点，是刚性的。比如，一旦目标是 90 分，那么即使达到 89 分也是没完成任务。

分层设定目标则不同，它可以保持弹性，随时调整。它不是一个点，而是一个区间，是对即将发生的事情的合理预测。事实上，我们很难根据孩子的情况，精准地设定一个点。孩子的内在状态、心情、突发事件等都会改变孩子的行为，进而影响目标的达成。

有位妈妈在周五的晚上带着孩子从奶奶家吃完饭回来，路上她和孩子约定好回家复习字词，孩子也答应了。走到自家楼下，发现有几个小朋友在玩游戏，孩子一下子被吸引了，立刻加入他们的行列。妈妈心里还惦记着复习字词的事情，于是拼命催促孩子回家，孩子不断地推托，要再玩一会儿。最终妈妈失去耐心硬把孩子拉回去了。孩子的游戏无奈被中断，心情也很不好。回家后，孩子不肯复习字词，妈妈更加生气了，对孩子发了一通脾气。从妈妈的角度来看她的行为也可以理解：明明约定好了复习字词，你却在楼下玩游戏，好不容易把你拉回来，你还不行动，实在太气人了！

妈妈的目标非常单一，就是"周五必须复习字词"。妈妈的行为被心中的"必须"绑架了。很显然，孩子答应回家复习是真心的，关键是楼下小朋友的游戏临时吸引了孩子的注意力。而妈妈没有考虑这个因素，僵化地盯着心中唯一的目标，这是刻舟求剑。如果一个人心中有一个僵化的目标，遇到突发情况时不能及时调整，就特别容易引起冲突。有时候即使出现了积极的情况，这样的人也不容易把握好。

我和这位妈妈对这件小事进行分析，思考应该怎样分层设定目标。最低目标是孩子玩了一整个晚上，但没有复习字词；中等目标是玩够了，回家复习一部分；最好的目标则是玩够了，回家后任务全部完成。

不管怎样，这三个目标至少能保证一个收获，那便是孩子痛快地玩，彻底地放松。如果临时调整，给孩子空间，让他尽兴地玩，玩得高兴，那回家后让他复习字词，孩子答应妈妈要求的可能性很大。

遗憾的是，妈妈始终只盯着心中的目标，最终得到了一个"双输"的局面：孩子玩得不尽兴，也没有复习字词，双方还发生了冲突，影响了彼此的心情。

再比如，周日妈妈要外出，前一天晚上和孩子约定好让孩子在家里复习功课，孩子答应得很好，而且约定了具体的功课内容，妈妈放心地外出办事。回家后，妈妈发现孩子正在看电视，作业只完成了一半，立刻火冒三丈。我问妈妈："你对孩子发火，除了他没完成作业，还有别的原因吗？"妈妈说："我最痛恨说话不算话了，一点儿执行力也没有。"发现孩子没完成作业，妈妈有被愚弄的感觉，她的愤怒中夹杂着挫败感。

我不主张因为一点儿小事就"上纲上线"，给孩子扣言而无信的帽子。从设定目标来看，孩子答应了约定，妈妈信以为真并设定了一个最高目标：孩子自觉完成全部内容。当妈妈发现孩子没有做到时，自然很生气。

其实，这位妈妈要根据孩子平时的表现判断一下孩子会完成的目标，他信誓旦旦地答应了，也未必一定能做到。因此有必要预测一下各种情况，比如，最低目标是只做一点儿；中等目标是做完了，但质量不高；最好的目标是全部完成，而且质量上乘。同时，要根据孩子的表现大致预测出现哪种结果的可能性最大。

这是一个客观的目标区间，如果最后发现孩子不尽如人意，虽然妈妈会有些失望，但因为在意料之中，也就不会那样生气。

同时，我们还要为每个目标准备好对策，这样不管出现哪一种情况，都不会因为束手无策而导致情绪失控。

也许你会觉得这样很累。的确，最开始这样做时，需要付出主观的努力，但通常慢慢就能达到自动化的程度，这时家长就能非常快地判断出来当时的状况，并能迅速准备好应对策略，与孩子的相处也会越来越顺。

话题聊到这里我忽然有所领悟：我陪伴孩子的耐心，源于我很少期望孩子必须做什么。

我关心的不是我心中的目标，而是孩子目前的水平。所以我会非常注意对孩子的观察，当我们对孩子有了细致的了解时，判断就会越来越准确。我会对孩子的行为有一个大致的预测。如果结果高于我的预测，我会积极地反馈给孩子；如果没有达到，那一定是我在某个环节没有做好，我会设法改进自己的做法。没有期望，也就无所谓失望。

这样分层设定目标的过程，更多的是针对我们自己展开工作，调整我们的认识，印证我们的判断，以及考验我们的应对能力。通常，我们想"让"孩子怎样和孩子"能够"怎样是两个概念，这两者之间有时候会相差十万八千里。如果我们总是盯着孩子，对孩子有所期望，总想让孩子符合我们的期望，这个期望的背后是脱离了孩子实际承受范围的管束。这让我们虽然和孩子朝夕相处，却看不到孩子的真实存在，让孩子在我们眼里成了实现目标的"工具"。

拔苗助长就是一个很好的反例。农夫心里设定了一个庄稼没法达到的目标，于是，他就去"帮助"庄稼生长，违反了自然规律，结果好心办了坏事。

你一定不想做那个农夫吧？那么，该浇水时浇水，该施肥时施肥，至于成长，把心放下来，静观其变吧。

　　精准回应 | 让孩子养成自主自律的好习惯

第六章

让孩子养成
高效学习的习惯

✦ 第一节

孩子做作业容易走神，注意力不集中，怎么办

教孩子学会时间管理，同时主动满足孩子的休息需要

常常听家长埋怨孩子没有时间观念，不懂得抓紧时间。让我们仔细推敲一下，怎样才算有时间观念呢？我们自己有吗？据我的观察，有一部分人的时间管理的确很到位，然而大多数人的时间观念是很模糊的。如果不同意这种说法，那么不妨问问自己：昨天一整天是怎么安排的？是否有清晰的计划？这些安排是否合理？每件事情分别花了多少时间？对自己的时间安排能精确到什么程度？

如果我们自己都不善于管理时间，那么对孩子的说教也是十分空洞的。

于是"抓紧时间"就成了最正确的"废话"。孩子困惑的往往是怎样才能"抓紧"。就算是对善于管理时间的人来说,怎样将自己的方法教给孩子,也是一个不大不小的难题。

如果按照三分法划分"时间观念",可分为自然时间、人文时间和心理时间。人文时间的核心是历史时间,与我们的讨论关系不大,在此略过。而自然时间的核心是钟表时间,是客观的;心理时间的核心则是体验时间,是主观的。自然时间和心理时间并非总是重合,爱因斯坦那个著名的笑话恰好说明了这一点:如果在一个漂亮的姑娘身旁坐一个小时,你会觉得只坐了片刻;如果坐在一个热火炉上,片刻就像一小时。对孩子来说也是如此:如果让孩子看喜欢的动画片,两小时都不嫌多;如果让他做不喜欢的作业,半小时都度日如年。

相信很多人都体验过自然时间和心理时间的冲突。回忆我的小学和初中阶段,二者的冲突是那样激烈——上课时,时间像个蜗牛;走神时,时光却快如闪电,让我回过神来时总是懊悔不已。那时候心中很困惑,也很苦恼,却解释不了这个矛盾。现在终于明白了,我们的心理时间像个自由散漫的孩子,喜欢跟着感觉走,在喜欢、高兴、愉悦的时刻,它过得飞快;在排斥、沮丧和烦恼的时刻,却很漫长。

如此说来,我们所谓的培养时间观念,或者说教孩子学会时间管理,至少要培养孩子对自然时间和心理时间两方面的感觉。至于怎样培养,我来分析一些自己的思考和感悟。

首先,改变心理时间。通常,人们在做喜欢的事情时,心理时间过得最快,内心感觉也最愉悦。人物传记中常常有这样的情节:许多天才人物仿佛在玩乐的同时,很轻松地在事业上达到了一般人难以企及的高度。我们羡慕这些人既享受了过程，又收获了结果。他们为什么能二者兼得呢？除了天赋和勤奋等因素以外，兴趣也是不可忽视的因素。一个人在做自己喜欢的事情时，内心的阻力是最小的，甚至接近于零，这时心理时间自然很快。在我们眼里千难万难的事情，在他们看来却是小菜一碟。孩子也一样，如果对一件事有兴趣，他就很容易完全沉浸其中，根本意识不到时间的流逝。这再次印证了我们耳熟能详的那句话：兴趣是最好的老师！这也正是所有的教育学家和心理学家高度重视对兴趣的培养的原因。

兴趣不但关乎做事效率，更重要的是，它直接左右了生命的质量。我们不妨设想一下，如果做自己有兴趣的事情，时间不知不觉就过去了，内心充实而愉悦，这样的生命历程自然洋溢着幸福感。相反，如果被迫做厌恶的事情，心理时间便被人为地拉长，做事的过程则会让人备感煎熬。经历这样痛苦的过程，就算最后取得成功，也不算完整的胜利。无论大人还是孩子，改变心理时间最核心的方法，都是培养兴趣。

此外，心理预期也是影响心理时间的重要因素。通常，心理预期与时间的实际变化是相反的。比如，孩子越盼着下课，就越感觉时间过得慢。家长也容易陷入这个误区，越希望看到孩子的快，就越是发现孩子的慢。我曾在另一本书中写过一篇名为"催出来的慢性子"的文章，专门讨论这个问题。有时候，越急躁的家长，越容易培养出慢性子的孩子。其实，没有时间观念、不懂得时间管理，并不全是孩子的错。一方面这正是孩子需要学习的内容；另一方面往往是因为孩子受到了大人心理状态的干扰。如果我们想让孩子有合理的时间观念，双方都要降低心理预期，不要太急躁。我们越希望自然时间过得快，相比之下，心理时间就会过得越慢，这便是"欲速则不达"的道理。而且，心理预期会干扰我们正常的判断。有的家长给我写信说孩子做事很慢，问我应该怎么办。我问慢到什么程度，家长的描述并不具体，我就让家长完整记录孩子一天做各项事务所用时间。看到记录，许多家长才忽然醒悟，其实孩子并不慢，只是自己太急躁，不知不觉用成年人的速度衡量孩子。由此可见，有很大一部分"没时间观念"的孩子，是被大人不恰当的时间观念"制造"出来的。

情绪也在心理时间中扮演重要的角色。孩子面对不喜欢的事总是会极力转移注意力。这时我们便会认为孩子"心不在焉""注意力不集中"，实际上，孩子只是不想把注意力集中于当下的事情。面对这种状况，家长很容易产生挫败感并责骂孩子。虽然家长运用说教、责备、打骂、恐吓等手段，短时间内取得了些许效果，但这破坏了孩子的心理时间，增加了孩子的心理阻力。越催越慢、越慢越催，孩子与大人陷入了负面情绪的恶性循环。有些孩子的心理时间在某些时候很慢，比如，一旦让他做作业，他便感觉度日如年，这时候继续运用责骂的方法只会继续拉长孩子的心理时间。

首先，我们不妨重新寻找对策，采用正强化①的方式发现孩子的细微进步，并及时予以肯定。这个方法也许不会立竿见影，但绝对可以春风化雨，慢慢改变孩子的心理时间。遇到不喜欢做作业的孩子，我们需要制定一些规则来约束他们，但最重要的还是让孩子发现学习的乐趣，增强孩子在学习过程中的成就感和愉悦感。

其次，要及时觉察自然时间。在生活中，我们很难对每件事情都保持高涨的热情，当我们不那么热爱某件事时，就需要及时觉察自然时间，提高时间的利用效率。我在考研的时候开始认真探索这个问题，当时离考试还有

---

① 个体做出某种行为或反应，随后或同时得到某种奖励，从而使行为或反应强度、概率或速度增加的过程。——编者注

100天，需要看的书摞在一起有一尺高。在极度焦虑中，我最关心的是怎样充分利用每一分钟。我想了一个很简单的办法，就是记下每件事情的起始时间，并且记下这一段的工作量，比如"9:03 ~ 9:15，共看《教育学》27页"，一天下来，所有的时间安排都一目了然。每天晚上我都分析自己的时间利用情况，找出可以改进的地方。这样循环往复，不断提高，对自己的时间真正实现了数字化管理。最开始看一页书需要3分钟，后来只需要1分钟多，这给我带来了巨大的成就感，让我始终处于一种兴奋状态，每天和自己的速度赛跑。这个方法成就了我人生中最不可思议的一次跨越。现在我依然每天记录自己做事的起始时间和工作内容。如果哪天不记，就会效率低下、稀里糊涂地过一天，根本不知道时间浪费到哪里去了。

在时间管理上，我们不要过度苛责孩子。哪怕是成年人，往往也缺乏对日常行为所用时间的觉察。不信，你不妨写出自己做一些生活小事，比如写一页字、做一顿饭、早起洗漱、整理一次衣柜等所用的时间。如果写不出，不妨估计一下然后再核对，你就会发现，我们的感觉未必准确。

我也常常建议家长用这个方法悄无声息地帮孩子记录。连续记录一周就会发现很多问题，比如，孩子会高估自己的速度，或者低估作业的难度，或者因为边写边玩耽误很多时间。这个观察也会修正我们的判断，孩子出现的许多问题的原因不是态度不端正，而是能力不足。在此基础上，我们可以提示孩子早点儿开始做作业，为难题多留出一些时间。而且，关于提前多长时间，这个记录可以给出一个具体的数字。另外，还可以监测孩子的单项效率，比如通常做一页练习需要多少时间，最快是多长时间，等等。这样，孩子慢慢就能把握自己的速度。我们可以把这个时间管理方法慢慢教给孩子，让孩子自己记录，自己分析，这样孩子也会逐渐养成高效的习惯。当然，我们是希望用这个方法帮助孩子，而不是苛责孩子，所以我们要允许孩子的速度有快有慢，因为我们自己也是如此。千万不要把记录当作监工的手段，如果用最高标准要求孩子，我们总是能找出不足，但那样孩子肯定只会苦不堪言。

最后，在疲倦之前休息。有的孩子喜欢一鼓作气，比如连续写两三个小时的作业，中间不休息。这样看起来似乎非常专注、高效，一口气做完，孩子心里也会有成就感，不过从用科学的角度来看，我不赞同这样的做法。

我们自己都会有这样的体会：开始时，做事效率很高，但渐渐就会有疲惫感，只能强迫自己打起精神，这种硬撑着的状态肯定会让效率大打折扣，而且这样也会人为地拉长心理时间。考研的时候，我始终保持学习25分钟休息5分钟的节奏，这样频繁休息似乎很麻烦，但效率非常高。因为学习的单位时间短，我可以保持高度专注，在疲倦之前休息，内心始终能保持斗志昂扬的状态。对于孩子，我一般建议每学习30分钟休息10分钟，如果始终保持这个节奏，孩子不会有特别疲惫的感觉。古人所谓的"一张一弛，文武之道"，是非常有道理的。

有节奏的休息会让孩子感到有"盼头"，比如到27分钟的时候孩子可能累了，但一想到还有3分钟，便可自我激励，坚持到底。如果孩子觉得一小时内都没机会休息，他便会主动拖延，在做事的过程中用走神、偷懒的方式悄悄给自己"放假"。时间仿佛是有重量的，时间越长，给人的心理压力越大。当时间长度超出孩子承受能力时，孩子在言语和肢体动作方面就会发生变化，比如自言自语、抓耳挠腮、心不在焉、情绪低落。有的家长在运用这个方法时，最开始会出现效率进一步降低的情况：孩子在30分钟的作业时间内继续偷懒，对10分钟的休息却坚决不放过。有位妈妈对这样的情况感到很焦虑，问我该怎么办。我劝她继续坚持，如果孩子偷懒，等一会儿仍然没有改变，就简单提醒他一下，比如轻轻敲一下桌子，或者默默收走孩子手中的玩具。不用多说什么，更不用批评。如果孩子做得好，则及时给予肯定。一段时间过后，孩子30分钟内的效率开始大幅度提高。孩子的父母感到很吃惊，从前剑拔弩张都没解决的问题，就这样悄无声息地消失了。道理很简单，如果我们主动满足孩子的休息需要，他们就没必要偷偷给自己"放假"了。因为孩子写作业不认真便逼着孩子"连轴转"的方式，是非常不明智的，而且只会使问题更加严重。

有的孩子喜欢在写作业过程中问家长，还有几分钟可以休息，多数家长都会将这种行为理解为心浮气躁、光考虑玩。在我看来，这只是其中一种可能，还有可能是孩子想印证自己完成某项作业所用的时间。所以我总是建议家长，如果孩子问得不是特别频繁（比如2分钟问一次），那就告诉孩子。不管孩子问时间的目的是什么，都将收获一个结果：孩子对自然时间的感觉越来越准！这不正是我们所希望的吗？

✦ 第二节

当孩子学习心不在焉时，
如何不起急、不抓狂

——

心不在焉也有正向的功能，看看其背后的症结是什么

"看到他那心不在焉的样子，我这气就不打一处来。"这样的话是否似曾相识呢？你说过，我说过，大家都说过。前些年，辅导弟弟做作业时我的心里也会憋着这样的无名怒火。

我们在心里一遍遍地质问：你不会没关系，只要你肯学就好，可是，你为什么就不能认真点呢……到了这时候，家长心中的怒火已成燎原之势。

此时此刻，情况变得很微妙，孩子一个微小的动作，比如不耐烦、懈怠或牢骚，就可能引发一场狂风暴雨。一顿批评责骂后，家长心中仍愤愤难

平。如果仔细观察就会发现，家长的暴怒背后是深深的挫败感。心不在焉像一个看不见的敌人，令人抓狂。

"你不会没关系，只要你肯学就好"，这句话的逻辑看上去多么无懈可击，但事实真的是这样吗？

根据我们的经验来判断，大多数情况下，单纯的"不会"并不会引发心不在焉。遇到不会的地方，只需要再想想办法，或者寻求帮助，学会了便是，这样的事情每天都会发生。

那么，为什么有一部分孩子特别容易进入心不在焉的状态呢？在这个"不会"的背后，发生了什么呢？

根据我的观察，往往会有如下几种情况让孩子心不在焉：第一，执行力不够，没有养成良好的习惯，做事容易产生厌倦心理。第二，事情本身的难度大，引发了孩子的畏难情绪。第三，家长不当的管理方法强化了孩子的负面情绪。多数时候，心不在焉都是几个原因共同作用的结果。

我们都对心不在焉的表现并不陌生。有的家长特别愤怒："孩子连一块橡皮也能摆弄半天！"我反过来问家长："如果我们让孩子连续摆弄3个小时的橡皮，不许做别的，你估计会怎样呢？"很显然，孩子并不是喜欢摆弄橡皮，只是想"逃离"眼下的困境，所以随便把注意力放在周围的某个东西上。

困难是客观的，而烦躁情绪则是主观的。之所以心不在焉，往往是因为客观的困难引发了主观的情绪，孩子没有勇气停留在困难界面，更没有动力克服困难，所以选择退缩和逃避。孩子为什么会这样呢？在回答这个问题之前，我们不妨看一看父母的态度。面对孩子的心不在焉，父母往往会急躁地干涉，如果不见效果就批评教育，甚至大发雷霆。无法改变孩子的心不在焉，也是家长遇到的困难。轻易地释放负面情绪，却没有想办法——这就是我们用行动教给孩子的道理。至于"你不会没关系，只要你肯学就好"，这个道理听上去宽宏大量，但其实连父母也没有做到。在教育过程中，我们往往在执行双重标准，讲道理时我们讲得又漂亮又正确，实际上我们并没有按道理去行动。

孩子遇到困难时难免会产生一些负面情绪。如果我们对孩子应对困难的状态不满意，批评责骂孩子，就是在把自己的情绪宣泄到孩子身上。孩子的情绪和父母的情绪叠加在一起，孩子背负着双重的负面情绪，怎么会有心情去面对困难？心不在焉的症状肯定会越来越重。我们本意是替孩子着急，想通过施加压力促使孩子改进，结果反倒加重了问题。

其实心不在焉只是一个信号，它在提示我们，可能是孩子遇到了困难，也可能是父母的教育方法不对。我们要不要和这个信号较劲呢？如果我们只是对警报怒目而视，接下来肯定会遭遇一路红灯。

心不在焉的孩子的面前仿佛有一道看不见的障碍，而我们不妨穿越心不在焉的状态，看看让孩子踟蹰不前的症结到底是什么。

心不在焉并不罕见，也不可怕。就算是成年人，一天之中也会数次进入这种状态。遇到困难的事情时，我们也会先转移注意力，去做一些无关紧要的事情，比如上网、闲逛、沏茶，或者翻翻报纸。

我们通常会觉得心不在焉是不好的事情，频繁进入这种状态也的确很影响效率。不过它也有正向的功能：释放压力、积蓄力量、增进思考。遇到心不在焉的情况，我们不必急着去干涉，不妨等一等。

其实，很多心不在焉都是我们的急躁制造出来的。如果我们只是静静地观察，就会发现大部分时候孩子会自己回过神来。这个停顿的过程是很好的缓冲，孩子通过这段时间整理情绪、积蓄力量，如果我们不干涉，孩子便能靠自己内在的动力战胜困难。经过这样的锻炼，孩子的内在力量会越来越强大，孩子也会越来越主动。如果我们急切地介入并给孩子施加压力，就算效果立竿见影，这种改变也是迫于我们的压力。我们把内在动力置换成了外在压力，消解了孩子的主动性，让孩子形成了依赖外力的习惯。如此说来，是得不偿失的。

一个孩子曾经非常明确地告诉妈妈："我最烦你催我，我停笔的时候，你别管我，一会儿我自己会写的。"这位妈妈也非常感慨，原来急切的管理其实是画蛇添足，反倒引起了孩子的负面情绪。

如果很长时间过去了孩子依然心不在焉，我们不妨做最低限度的提醒，比如默默收走孩子手中玩的东西，或者示意一下，孩子很快就能明白我们的意思。

我曾经辅导过一个非常磨蹭的孩子。孩子走神时，前 10 分钟我默默观察。有时候，孩子玩到七八分钟自己就开始做作业，我也就不再说什么。如果超过 10 分钟孩子还在玩，我轻轻敲一下桌子，他便明白了。如果他依然如故，过了 15 分钟，我会再简单用语言提醒一次。开始的两三天，孩子走神很频繁，效率也不高。我一直坚持用这个方法，同时不断给孩子积极的反馈。到第五天，他已经很少走神，写作业的速度提高了一倍。也就是说，此前孩子用来走神的时间和他做作业的时间几乎是等量的。当然，这个过程是对耐心的极大考验，看着孩子玩 10 分钟，我们会感觉时间过得很慢，心里会急躁，因此，沉住气是关键。

如果孩子遇到了自己无法跨越的困难，我们不妨提供必要的帮助。当然，这样的情况比较少，除非孩子有很多知识都不会。

不管怎样，当孩子心不在焉时，我们对孩子起急、发脾气，都不是好的策略。如果孩子心不在焉的情况特别严重，那么往往不是因为某个具体的困难，而是因为亲子关系亮起了红灯。这种情况单纯靠前面的方法很难奏效，必须全面反思我们的教育方法，找到真正的症结所在。

结果很有戏剧性——成天批评孩子心不在焉，孩子越来越不在状态；如果直奔主题，解决了这个信号背后的根本问题，心不在焉就在不知不觉中消失了。

如此说来，心不在焉只是一个信号，并不是真正的"敌人"。

✦ 第三节

孩子写作业慢，
妈妈说"发现错误，才能改正错误"

错误不一定要指出来，这可能会消解孩子内心的动力

有一天与一位妈妈讨论孩子写作业慢的问题。这个孩子因为写得慢，经常被老师留下，家里人很在意这件事，为孩子的书写速度着急。孩子也为此感到难堪，她明明是被留下来写作业，却掩饰说是留下来帮同学的忙或者是记作业。

我问："我们要不要如此关注放学后被老师留下来写作业这件事情呢？"妈妈说："让她意识到错误，她才会改啊！"让孩子意识到错误，才能改正错误，这应该是绝大多数人的观点。那么，是否有其他消除问题的方法呢？

如果仔细推敲就会发现，"慢"和"错误"并不能完全画等号，我与这位妈妈在后来的咨询中详细讨论了这个问题。我继续沿着妈妈的思路追问："以'慢'这件事情来说，你们已经多次让她意识到错了吧？她甚至都不好意思承认自己被老师留下了，改的效果怎样呢？"很显然，这正是妈妈苦恼的地方。

我提了另外一个问题："假设我们发现孩子作业写得慢，但从来没告诉她，而是设法肯定她、调动她的积极性，让她不知不觉变快，是否更好呢？"

这听起来似乎很有难度，但其实并不难。如果我们总是告诉孩子她很慢，她也总是关注这个"错误"，并不断发现慢的证据，孩子就会确信自己是个"慢小孩"。如果家长和老师总是注意这个缺点，总是批评她，就进一步强化了这个论断。为什么孩子往往知道问题所在，却"屡教不改"呢？因为频繁的提醒和批评让她深深地相信：我就是这样慢！孩子已经接纳了"慢小孩"这个标签，不相信自己能快，完全失去了改变自己的心理动力。就算我们施加压力让孩子变快了，孩子心中的自我形象也依旧停留在"慢小孩"的阶段。

我们不妨来设想另外一种可能：关注孩子写得快的时候。比如，昨天她用了13分钟就抄写完好几个句子。如果这时我们肯定她写得快，孩子就不会觉得快是多么难以企及的目标，此时她更关注自己的成就感。并且，她会从中总结自己写得快的经验，比如写的时候尽量保持专注，或者一眼多看几个字。这些方法会用到下次的作业中，她会发现自己越来越快，一切都水到渠成，她不会觉得这是多么困难的事儿。

恰好妈妈说了昨晚的一个细节："她在抄句子时，我和她爸爸都提醒她，一句话一句话地抄，别一个字一个字地抄！这样太慢了！她虽然照办了，但是很不高兴。"

我建议妈妈换一种方法，用商量的语气对孩子说："你一个字一个字地抄也是可以的，不过，妈妈还知道一种更快的办法，你愿意试试吗？"

如果孩子愿意尝试，一定会发现这样更快。如果不愿意，我们尊重孩子的选择："今天还是用你的办法，妈妈帮你记时间，看你平均一分钟抄几个字。明天咱们再试试另外一种办法，看看一分钟抄多少个字，然后选一个你喜欢的办法。"

妈妈说："不错，别说孩子，即使是大人也愿意听鼓励的话啊！孩子具有与大人一样的最基本的需求——被尊重，我之前没意识到这一点！"

这让我想起另外一件事。春节时，4岁的小外甥总是抢着接电话，他拿起听筒扯着嗓子问："你谁啊？"显得非常不礼貌。不让他接电话，他就哭鼻子。于是我便问他："你想接电话是吗？"他说："嗯。"我用柔和的语气对他说："接电话不能这么大声地嚷，如果你想接，我教你三句话，你学会了，家里所有的电话都由你来接，好吗？"

小外甥很懂事地点点头，我教他的三句话分别是："你好。""你找谁呀？""你等一下，我去叫他。"

考虑到小外甥才4岁，所以我尽量教他一些通俗好记的话，而没有用"请问""稍等"这些词。小外甥重复了一遍，我们便放心地让他接电话了。开始的几次，我比较留心，他做得很好，我就肯定他："打电话的人一定在想，这是谁家的小孩儿呀，这么懂礼貌，还这么会说话，都能帮大人接电话了，真能干！"

小外甥虽然没说什么，但明显很受用，接电话的热情更高了。家里的电话基本都是找二舅的。二舅的朋友和学生都特别多，从除夕开始，电话就响个不停，小外甥成了极其敬业的"接线员"。来拜年的人都夸奖他，他干得可起劲儿了。我去好朋友家吃饭，其间给二舅家打电话，电话那边传来小外甥稚嫩的声音："你好，你找谁呀？"那一瞬间我感觉特别温馨，心里也特别感慨，我只教了他一次，他却一直在坚持。由此看来，只要用对方法，改变孩子的行为是很容易的。

孩子一个字一个字地抄，本来就慢，但我们换个角度，言语中不出现"慢"这个词，也能很好地调动孩子。小外甥扯着嗓子问"你谁啊"，是非常不礼貌的行为，但我们不讲"没礼貌大家都不喜欢"之类的大道理，也能让他变得有礼貌。

我接触的许多家长往往对孩子的错误如数家珍，对孩子的进步视若无睹，仿佛戴了一副有色眼镜，专门用来筛选孩子的错误。我想，他们的深层逻辑一定是"发现错误，才能改正错误"。我相信他们的本意是想帮助孩子，但结果是错误越发现越多，却没改正几个，最终错误变成了"顽症"。这很容易解释，就算我们没看到孩子的进步，也不代表孩子不曾努力。我们不妨站在孩子的角度体会一下：如果自己努力的结果不但没有被认可甚至没有被发现，反而只有不满和批评，那么谁还肯继续努力呢？我们盯着孩子的错误是想帮助孩子改正错误，事实上却人为地给孩子进步增加了阻力，消解了孩子内心的动力。

我们不妨换一副"眼镜"去发现孩子的进步，筛选出孩子做得好的地方，对孩子的行为进行"正强化"。孩子的努力得到了正向的反馈，他就会更愿意重复这种行为。在不断地重复中，孩子就会不断进步。哪怕是成年人也喜欢在成功中学习并保持成功的状态，孩子更是如此。

也许你会说:"孩子根本没有进步呀,我用什么肯定他?"在咨询的过程中家长也常常这样问我。有趣的是,我却往往能从家长提供的日志中挖掘出孩子的进步。其实每个"错误"的空隙都隐藏着细碎的闪光点。比如,无论孩子多慢,总能找出一次相对的"快",这便是进步的起点。还有的孩子在与妈妈吵架后便一点儿作业也不做,但某一次,她坚持在书桌前与妈妈"讨价还价"。虽然言辞激烈,但是与彻底放弃相比,懂得谈判与妥协不也是进步吗?

家长会很惊讶地说:"你要是不说,我从来没意识到这是进步。为什么你总能发现孩子的进步呢?"

我总结出一个小小的心得:要把工夫用在平时,时刻关注孩子们的微小进步,并及时用语言、表情、眼神回应他们。发现错误时不要急着说,而是要等一等,等到孩子有进步的时候,态度愉悦地肯定一下,这样孩子的积极行为便覆盖了她的错误。遇到非说不可的错误,我尽量用建设性的方式指出来,而且格外注意语气的柔和,以此化解孩子的尴尬。在我看来,这是一种低成本的改错方式。

发现错误而不指出来,这样做难道不会让孩子的错误更严重吗?如果说"错误不一定要指出来",那么有什么更好的方法可以让孩子进步呢?我从书上看到一句话:"心理学家罗杰斯强调,在心理治疗过程中,治疗师或咨询师要毫无保留地接受来访者,要给予来访者无条件的积极关注。"看到这句话,我顿时觉得眼前一亮。是的,"无条件积极关注"就是答案。

无条件积极关注强调了对孩子的接纳。当我们真正接纳了孩子,任何时候都用积极的视角看待孩子时,自然可以看到他的优点和可爱之处。这样去观察和注视一个孩子,我们便会满心欢喜。这种内心状态会借着我们的语言、表情、神态传递给孩子。每个孩子都喜欢被认可、被欣赏，这份接纳成就了孩子的自我价值感。如果我们盯着孩子的优点，孩子也会盯着我们的优点，双方都处于一个爱的状态，爱会产生神奇的力量。当孩子觉得自己是一个有价值的人时，他就会主动去做有价值的事情，以此符合自己的身份。如果孩子内心有完善自我的动力，那么就算他发现自己有一些错误和缺点，也很愿意改正。

总是盯着孩子的错误，是有条件的消极关注——当孩子有进步时，我们接纳；当孩子犯错时，我们排斥。不能接纳孩子的不完美，就在事实上伤害了孩子的自我价值感。孩子在犯错时，会感觉自己不能得到父母的爱，这种认知带来的痛苦会让孩子产生一些局限性的想法，并用退缩的方式保护自己。这样的孩子一旦遇到不如意的事情，就容易以受害者和失败者的身份自居。而且，我们盯着孩子的错误时，孩子也会盯着我们的错误，双方都容易产生焦虑和愤怒。因此，除了改错，孩子又多了一层任务：处理双方的负面情绪。这反倒分散了孩子改错的精力。

"通往地狱的路，是用期望铺成的。"所谓的错误，有一部分是客观存在的，有一部分则是被我们过高的期望制造出来的，是我们心中的高标准"误伤"了孩子。如果我们将孩子与我们心中的期望进行比较，孩子往往都是错的。如果只是审视孩子本身，则一定可以看到孩子的优点。

✦ 第四节

要求孩子写字又快又好，
"要么不做，要做就做好"

这会让孩子望而却步，也容易伤害孩子的内在感觉和判断

从读小学开始，老师就常常随口说"看谁写得又快又好"。令人苦恼的是，我总是不能写得又快又好——快了就写不好，好了就写不快。

这不是什么大事儿，但这个小小的问题却困扰我多年。直到前几年，我还为这事儿纠结。平时我喜欢写日记，喜欢做读书笔记，并且会随手记录自己的思考，因此我每天写的字还真不少。虽然喜欢，但我却感觉很累。难道就不能轻松点？我尝试着做出改变。我发现，不累的办法非常简单——不苛求美观。这个苛求美观是有历史渊源的。

我从小写字就不好看，又写得"顶天立地"，常常被老师批评。另外爸爸总是强调"字是人的门面"，所以，把字写得美观对我而言真的是一种压力。

后来，在二舅的诱导下，我的字有一些进步。到了高中，我有意识地练了一段时间字，所以字开始写得好看起来，也偶尔会被周围的人表扬。

这份表扬来之不易，我的潜意识里是非常在意这一点的，所以我尽量把字写好，结果这成了我的一个"紧箍咒"——任何情况下，我都不能容忍字写得乱七八糟，总有一个声音在我心里说"不能写乱，不能写乱"，于是抄笔记成了我的一大负担。高三的时候，有些同学写字简直是草上飞，但是人家能把笔记抄完。我呢，虽然字迹工整，但是慢，下课总要补笔记。甚至因为落下的笔记太多，根本补不全而影响学习成绩。

直到近几年，我才开始尝试放任自己乱写，心里再也没有"必须美观"这一潜在要求。我忽然发现，写字其实很轻松。以前没有认识到这个问题的根源，也没想过改进，以为写字一直都会是有压力且慢的。但原来我是可以写得很快的。虽然字比平时乱了一些，但也乱不到哪里去，而我的感觉却轻松了很多。

我认识的一个孩子也存在这个问题。他的字写得既工整又漂亮，几乎人见人夸，这本来是好事，却给孩子带来了负担。这个孩子在任何时候写字都很好看，哪怕是作文的草稿都写得工工整整，但是他写字越来越慢，有时候一分钟只写几个字，甚至会在考试时答不完题。

于是我提醒他的妈妈，以后不要再强调他写字好看，这让孩子产生了一个阻碍性的想法："我是一个写字很工整的孩子，我不可以写得潦草"，这已经成了他的心理负担。他写得不好时也不要说他，同时要告诉他，有些字不必苛求美观，比如作文的草稿，或者给自己看的读书笔记，字写得能认识就行。

我想，父母都希望孩子的字工工整整，但很少有人会注意到这个善意的期待中有一个小小的陷阱。夸奖让孩子对写字有了一些僵化的想法，比如，字必须写得工整、美观，要写得又快又好。潦草、凌乱是不好的，是错误的。这些想法最终成了阻碍孩子前进的"紧箍咒"。字只是一种表达工具，它当然要写得清晰，至于美观，那是在清晰的基础上，各人自愿的选择。一味地强调美观导致考试答不完题，实在是得不偿失。而且美观是没有尽头的，从清晰到美观的距离，也是我们与书法家之间的距离。

当然，不同的场合对字的要求不一样，试卷、信件、作业等给别人看的字，应尽量写得工整一点儿。在需要注重效率的场合，比如在课堂上写需要快速记录的课堂笔记时，潦草一些又何妨？

我一直认为，字在绝大多数情况下都是写给自己看的，因此，如果我劝小孩子练字，我会告诉他，练字是为了自己看着舒服，而不是为了别人的评价。也只有这样，孩子才有动力去练字，享受字的美观带来的愉悦。

所以，我带孩子练字会分开练习"好"和"快"。比如，我会要求孩子用最快的速度写完，这时我不会苛求质量，能认清就行。我甚至还会帮孩子计时，然后算平均数，告诉孩子他平均每分钟能写多少个字。如果我要求孩子写好，就不会强调速度，然后我会圈出几个字给他看——你看，你能把字写得这么漂亮。

最重要的，是让孩子拥有这两套本领：既能把字写好，又能把字写快，而且知道什么时候该写好，什么时候该写快。至于具体什么时候写好，什么时候写快，我们要相信孩子的智慧。如果我们不胡乱指导孩子，他就会根据具体的情况在二者之间掌握一个平衡。相反，如果孩子不具备这两套本领，"又快又好"就是对孩子的苛求。

因此，我们不要想当然地指挥孩子，不要因为过度追求细枝末节的完美而给孩子增加沉重的负担。不信的话，你可以找出三张纸，第一张，以最快的速度写完；第二张，写得漂亮；第三张，写得又快又好。

试了你就会知道，写得又快又好是很困难的事情。这个要求对写字已经到了"半自动化"水平的我们来说都是如此，何况是对孩子而言。所以不要为了我们看着安心，就要求孩子在任何时候都做到又快又好。话又说回来，如果孩子的两套本领都很娴熟，"又快又好"也就是自然而然的结果了。

"字要写得又快又好""字是人的门面"，类似于这样的随口教导比比皆是。许多话大人说过就忘了，却实实在在地影响了孩子，甚至渗透到孩子的潜意识中。而且"又快又好"是很模糊的标准，如果我们没有说清楚要快到什么程度，好到什么程度，孩子可能会用最完美的标准苛求自己。

后来，一位妈妈在和我交流时说："最近我也在反省，为什么孩子总是没来由地拒绝新的东西？在和老公交流的过程中，我们发现给孩子传达的观念，也是目前很多人都支持的观念，使孩子在困难面前止步——'要么就不做，要做就做好''做最好的自己'。类似的观念使孩子还没开始做一件事，就承受了压力，因此反倒不敢开始了。"这位妈妈说得没错，"要么就不做，要做就做好"是非常吓人的标准，不允许孩子笨拙地探索，也不允许孩子反复地试错，而是要求孩子直接达到完美状态，这会让孩子望而却步。

我们以重视教育的名义引导孩子，实际上却干扰了孩子，导致孩子机械、教条地听从父母的建议，形成消极退缩的想法。

老师讲课之前都要"备课"，而我们这些教导和要求，都有可能影响孩子的一生。因此，我们也要有"备课"的习惯，在内心建立一个"审核机制"，想说的话要在经过慎重思考、仔细推敲后，才能对孩子讲。而且，说和做还要保证前后的一致性。许多人随口对孩子讲道理，讲得多了，连自己都不记得自己讲过什么，而其中的许多教导和要求都是前后矛盾的。比如，有时要求孩子又快又好，看到孩子粗心时又教导孩子"一定要认真，哪怕慢一点"。

这样随意地指导孩子是容易出问题的。它最大的危害是伤害了孩子的内在感觉和判断，使得孩子不再信任自己的内在智慧。

陪写作业，希望孩子能自己检查，保证基本正确率

循序渐进培养孩子的自控能力，家长就可以慢慢放手了

有位家长在网上问我一个问题：孩子做作业总是没有自己检查改正的良好习惯，做家长的应该怎么指导？

我没有直接回答家长的问题，而是问了一连串的问题。我首先问她："你小时候有这个习惯吗？"这位妈妈说："不太记得了"。妈妈的回答很模糊，我推测，妈妈也未必有这样的习惯。我继续问妈妈："假设孩子愿意检查，但不知道怎么检查，你会怎么指导他呢？"妈妈的回答是："我的方法是让他先盖住自己写的答案，然后再重新验算一遍，如果对了就在旁边自己

打个勾，表示已经检查过。"这个方法很熟悉，小时候我们也是这样被教导的。我又问妈妈："这样检查一遍要花多少时间呢？"妈妈告诉我："大约需要 20 分钟，而孩子做一遍作业，也需要这么长时间。"也就是说，这样的检查相当于让孩子重做了一遍作业。我继续问："一般孩子检查一遍能查出几个错误呢？"妈妈告诉我："效率不高，有些地方还是没能检查出来。"很显然，这正是妈妈苦恼的地方，也是妈妈向我寻求帮助的原因。

我问妈妈："你觉得这样的检查是值得的吗？"妈妈没有正面回答我，而是说出了她的希望："我希望孩子能够养成良好习惯，而不是每次都等着别人帮他找出错误，写完什么也不管。"

希望孩子养成良好的习惯，是父母共同的愿望，但是父母采用的具体方法未必可取。首先，孩子要花差不多与写作业等量的时间来检查，这样的检查不但耗时，而且低效。其次，让孩子再做一遍，孩子也会觉得很枯燥，有的孩子在第一次做时可能还会更加马虎——反正一会儿还要检查一遍呢！等孩子作业多一些时，就算他愿意，时间也不允许。最后，我也不赞成孩子写完什么也不管。

到底要怎样检查作业呢？在我看来，检查有两个功能：第一，全局扫描。主要是看有没有忽略或漏掉的题目。我数次听别人讲过，在中高考时，有的孩子因为紧张，加上没有检查，有半张试卷的题目没有做，结果可想而知。对学生来说，也算是非常惨痛的教训。因此，孩子非常有必要在做完作业后，养成核对的习惯。第二，重点检查。主要是重点注意没把握的题目，对于这类题目，孩子不妨再花一点儿时间，甚至重新做一遍。我们在指导孩子时，也可以简单地量化题目，比如"把你最没把握的两道题演算一下"，孩子会重视自己的薄弱环节，多花一些时间。这样的检查更有针对性。

我拿数学考试打个比方：考试的时长设计，通常会让我们在做完了所有题目后，富余一点儿时间。这点时间，如果用来把题目全部演算一遍根本不够，但是如果用来检查卷面重点核对最没把握的题目，则刚刚好。

其实，检查只是查缺补漏，关键在于孩子做题时是否认真投入，是否能提高准确率。

也有些父母担心，如果这样还检查不出错误怎么办呢？就如这位妈妈所说，就算孩子重新做一遍，也不能完全避免错误。但老师的批改可以将错误找出来，孩子也可以通过改错进一步巩固知识。孩子的检查、老师的批改，再加上孩子的改错，形成了一个完整的学习链条，三者缺一不可。因此，不要过度苛求孩子自我检查的效率，但也不要忽略改错的作用。

当前，学生的课业负担普遍不轻，因此我不主张在"养成好习惯"的口号下，让孩子在学习上做无用功。现在有一个现象，有一部分态度认真的孩子到了高年级成绩会下滑。原因是这类孩子一味强调习惯的养成而忽视了学习效率，在面对更繁重的学习任务时就会感到无所适从。因此，我们不仅要关注孩子的学习态度和学习时间，还要关注孩子的学习效率，少做无用功。

许多家长问我，要不要帮孩子检查作业？原则上，我不赞成帮孩子检查作业，那样确实会让孩子养成依赖家长的习惯，孩子应该为自己的学业和对错负责。但是，凡事都不能一刀切，不能教条地理解这个原则。我们没必要为孩子负责他的作业，但有监督的权利。

我曾经帮一个朋友带孩子，这个孩子做作业非常拖沓，他一个人在房间里写作业时，一会儿看漫画，一会儿玩玩具，效率非常低，而且作业质量相当不理想。妈妈总是因为作业与他发生冲突。我带了他几天，带他的过程中我帮这个孩子检查过作业。

我辅导孩子做作业时，坚持两个原则：第一，最低限度介入；第二，介入之前先想好如何退出。

以这个朋友的孩子为例，我对他的基本要求是到客厅写作业，远离玩具，同时遵守基本的时间约定，并且保证基本的正确率，不应付。我会暂时忽略一些次要问题，比如字迹不工整等。我检查他的作业是为了保障作业的质量。我完整地带了这个孩子3天，通过检查，他的作业质量有了很大的提高。如果继续带下去，我对他的检查会变为抽查，对他的监督也会减少。检查和抽查可以形成一种张力，辅助孩子形成自我约束力。这个过程中，我会不断肯定孩子做得好的地方，让孩子形成新的体验，积累成功的经验，并固化这个积极行为。

是否帮孩子检查作业要根据具体的情况来判断，我会针对不同的情况给出完全不同的建议。比如，有的家长一直帮孩子检查作业，我了解了详细的情况后，发现孩子完全可以为自己的作业负责，根本没必要帮他检查，因此建议家长马上退出。有的孩子问题比较严重，不但无法完成家庭作业，也无法完成课堂作业，老师几乎每天都给家长打电话。家长也尝试过完全不管，但是孩子会陷入彻底失控状态。结果往往是家长控制不住脾气，对孩子拳脚相加。针对这种情况，我建议家长每天耐心地帮孩子检查作业，不要对孩子发脾气，而是要通过这个过程逐渐规范孩子的行为。当家长逐渐地看到了孩子的进步，孩子也基本能完成家庭作业和课堂作业时，我开始指导家长减少对孩子的监督，慢慢放手。这样一个循序渐进的过程培养了孩子的自控能力。慢慢地，孩子可以每天自己安排时间，自觉完成作业，家长也不必再检查他的作业。

情况严重的孩子很难直接放手，必须经历一个监督的过程来培养自控能力。这个监督的权利如果运用得当，可以迅速扭转局面。监督是为了过渡到不监督。许多家长在监督孩子时，最大的问题就是无法退出。如果家长无法退出，那就不是监督，而是代劳，是替孩子负责。在咨询中发现，很多家长总想等孩子完全改变后再退出，事实上，这样是在把自己和孩子绑定在一起。对孩子的监督，绝对不要恋战，不要纠缠小的问题，而要坚持最低限度介入的原则，孩子有进步，家长就逐渐退出。

面对孩子的分数，
是重视结果，还是重视过程

——

要重视分数背后隐藏的信息，重视当下的体验和感受

做咨询时，有位家长说道："对了，孩子昨天语文考了 99 分，是第一名呢！我跟他说，只要你把知识学会了、学懂了，考多少分、得多少名都没关系，妈妈都高兴。他说，'但是我得了第一名啊'，语气中有点小小的得意。"

针对这个细节，我和这位家长展开了一段对话。

我："'只要你把知识学会了、学懂了，考多少分、得多少名都没关系，妈妈都高兴'——这句话想表达什么呢？"

家长："其实我是想灌输一种观念，分数不是最重要的。"

我："分数不是最重要的，那什么重要呢？"

家长："掌握好知识。"

我："掌握好知识，却考了很低的分数，这种情况多见吗？分数真的不重要吗？"

家长："当然还是重要的，这样对他说有点违心。"

我能理解妈妈的心情，她不想让孩子有分数方面的压力。不过话又说回来，行动是最好的语言，如果妈妈不在乎分数，又何必灌输？如果妈妈心里很在意，灌输又有何用？

"分数不是最重要的"，这句话常常是教育孩子的开场白，家长紧接着会抛出限制性条件——但是，你得把知识都掌握了！高水平考出低分数的情况并不多见。只要是正常发挥，分数和知识掌握情况是基本吻合的。一边说分数不重要，一边还要求学会、学好，这本身就是矛盾的，会给孩子造成认知上的混乱。说到底，分数还是重要的嘛！既然如此，我们何必如此呢？

关于分数，我反对两种倾向：一种是过度重视；另一种是表面不重视，内心过度重视。通常，考试分为两种——检验性的和选拔性的。平常的测验，乃至期末考试，都是在检验知识的掌握情况，只有中考、高考这样的选拔性考试，才能决定孩子的命运走向。但这样至关重要的考试，一辈子也没几次。所以，没必要过度纠结检验性的考试高了几分或低了几分，分数是知识掌握情况的"晴雨表"，如果分数低了，只能说明这一段的学习还需要巩固。至于选拔性的考试，丁是丁，卯是卯，少一分也不能录取，由不得我们不重视。

因此，我们要将分数放在一个恰当的位置。分数不是洪水猛兽，我们不如大大方方地承认：分数是重要的！更关键的是，我们重视的到底是具体的数字，还是分数背后隐藏的信息？

我们不妨问自己：得知孩子考了一个特别高或特别低的分数，心中第一个想法是什么？如果这个分数给你造成了很大的心理冲击，让你很快进入兴奋或恼怒的情绪中，我大致可以判断出，你重视的是具体的数字。如果看到分数马上去分析：这次孩子的分数为什么会这样高，或者为什么会这样低？这背后的原因大致有哪些？最近有哪些因素影响了孩子？孩子的体验是怎样的？他现在最需要做什么……这个思考路径比较长，而且是以问题为中心，而不是以情绪为中心，那么我可以确信，你更重视分数背后隐藏的信息。分数背后到底隐藏了哪些信息呢？在我看来，至少包括知识的掌握情况、学习态度、学习能力、学习效率、应试技巧、心理素质等。当然，对分数的解读，需要建立在持续观察孩子的基础上。

平日里我们对孩子的关注和观察，可分为两种倾向。一种倾向比较关心结果。比如：作业是否写完？知识是否学会？如果都做到了，父母便收回关注的目光，也不再与孩子交流。有的孩子向父母抗议："你眼里只有作业，没有我！"事实上，许多家庭的亲子沟通只有作业这一条路，从这个意义上说，孩子说的没错。另一种倾向则比较关注过程，虽然父母不说什么，但一直在默默关注孩子的状态：心情是否愉悦？写作业速度如何？哪个地方花的时间比较多，是因为累了，还是没弄懂？做完作业，孩子是否有成就感？对于新知识，孩子的态度是期待还是排斥……

如果我们把父母关注的目光比作雷达，那么，关注结果的父母，属于定点追踪类雷达；关注过程的父母，属于全面扫描类雷达。

如果只关注结果，我们在解读孩子分数时就会遇到困难。我们不关注结果之外的东西，自然不知道孩子高分或者低分的原因，也不知道这个过程中到底发生了什么，不知道孩子有什么收获，或者遇到了怎样的困难。如果我们更关注过程，对孩子有很多细微的观察，就会发现足够的线索支持我们深度解读分数所传达的信息。

有的家长虽然看上去很少教育孩子，但是孩子各方面却都很优秀。其实，这与默默地关注有很大的关系。我发现，如果我们总是默默地关注孩子，孩子很快便会觉察，并且父母与孩子彼此之间会有一种无言的默契。任何人都希望得到正面关注，孩子也不例外。那种包容、关切的目光，对孩子来说是最好的心灵按摩。许多家长都很关心怎样让孩子的内心充满力量，其实这不难。给予孩子正面的、积极的关注，就是最好的支持。当然，还要少说为佳，如果一边观察一边唠叨，观察就变成了挑剔。

怎样解读试卷中隐含的信息？怎样让孩子重视这些信息？其实非常简单——越过分数，关注具体的问题并进行全面的总结。比如，看到一张分数很低的考卷，我们不应盯着分数不放，情绪激烈地批评孩子，而要带着平静的心情，具体问题具体分析。比如，哪里错了？这个错误告诉我们什么？是完全不会、掌握不牢固、解题思路不对、运算错误、心里紧张，还是因为时间安排不合理……将原因分析出来后，对策也是显而易见的，孩子也会知道下次应该注意什么。如果分数高，就一起总结成功经验。

其实，我们不必大包大揽地帮孩子分析，孩子比我们更了解自己的试卷，如果孩子不会分析，我们只需点拨一二，为孩子提供一个参考思路就可以了。慢慢地，孩子就掌握了这种方法，并且会在下一次考试中有所改进，根本不用我们再参与。至于如何总结经验吸取教训，可以让孩子自己去完成。

挖掘分数背后隐藏的信息，分析试卷，绝对是一种能力。我发现，学习高手都极端重视并且善于进行试卷分析，就算考了很高的分数，也不会盯着分数自我陶醉。他们非常重视试卷本身，关注错误，也乐于总结自己学得好的地方。在接下来的学习中，他们会根据上次的考试情况，按梯度分配自己的精力，不会投入太多时间在已经掌握牢固的知识上，而是会重点巩固犯错的知识点。

如果我们珍视自己的错误，善于挖掘分数所隐藏的信息，考试就会像个筛子一样筛选出孩子不会的知识点。每个分数都是来帮助我们的，会成为孩子进步的阶梯。我坚信，如果方法得当，学习应该是一个快乐、高效的过程。

也许你会问，怎样引导孩子关注过程呢？其实，孩子亲历了整个学习过程，他本来就是最关注过程的人。过度关注结果，主要是大人"引导"的结果。如果家长重视分数，忽略学习过程，就会把孩子的注意力也吸引到分数上。分数高了，家长夸奖几句，孩子便把试卷丢到一边，觉得万事大吉；分数低了，孩子则想着回家怎样交代。有的孩子甚至通过改分数、藏试卷逃避责罚。有的孩子在考试时会一边做题一边担心，导致孩子心中"内在的父母"跑到考场上给孩子"精神监考"。我们过度重视结果，反倒干扰了孩子的学习，给孩子增加了无谓的压力。这样一来，分数便失去了它本来的功能。

关于分数，似乎有一个悖论：越是盯着分数，越不容易得到理想的结果；如果一直关注过程，好的结果自然就会来。过度关注结果非但不容易使孩子得到高分，还可能引发更为严重的后果，那便是孩子只以难易程度作为选择的唯一标准。无论一件事情多重要、多有意义，孩子都会首先看难度，如果觉得难，就会立刻想着绕道走，这样的孩子畏难情绪重，容易厌学。为什么会这样呢？就是因为我们对过程的忽视和否定。

学习往往是一个苦乐参半的过程，需要孩子付出时间、付出主观努力，还时常会遇到困难，会劳累、会疲惫。但爱学习的孩子，也会从学习过程中获得很多细微的乐趣。学会了一个字，新听了一个故事，弄懂了一道题目，甚至工整地写满一页字，都会让他们满心欢喜。如果关注学习的体验和收获，每一个小乐趣都是对孩子的"奖赏"，学习本身的乐趣会激励孩子去学更多的东西。

如果我们只看重结果，学习的过程和体验就会被忽视，也丧失了本身的意义，孩子会陷入考试中。考得不好就要承受责备、惩罚，考得好也仅仅是避开了批评。整个学习过程变成了单纯的压力，没有任何乐趣可言，因此也没有吸引力。经常听家长给孩子描绘美好蓝图："现在好好学习，长大了可以……"事实上，就算这些愿望真的能实现，往往也是15年后的事情，这个回报过程实在太漫长，就算成年人做投资，也未必有这样的耐心，所以这样的鼓励通常是无效的。如果孩子在学习过程中看到的只有障碍和阻力，视学习为还债，那么这样的学习，只是"机械学习"。

相反，重视过程的人善于在做事的过程中收获细微的"奖赏"，因此会以价值为导向，选择有意义的事情。这样的选择虽然有难度，但得到的"奖赏"也最多。孩子只有善于捕捉乐趣和奖赏，才能自动自发地往前走。这样的孩子关注知识的内在联系，关注学习本身，重视当下的体验和感受，这是"有意义的学习"。

这两种导向的人，各自的人生走向亦各不相同。以困难为导向的人，总是避开困难的事情，选择容易的事情。同时也避开了有意义、有价值的事情，到头来会发现自己做了很多无用功。这样的人生状态往往忙碌而平庸。

以价值为导向的人，则看重一件事情的意义和价值，志存高远，敢于停留在困难界面，并且逢山开路、遇水搭桥，奔着自己的目标去努力。这样的选择需要直面困难，但也更容易走向成功。一个人如果始终坚持价值导向，也就选择了一种成功的模式，如此说来，成功的确是一种习惯。

我们在对待分数时，最应该重视与挖掘培养的，是孩子发自内心的、对"学习"这件事本身的乐趣，以及他们今后在漫长的人生路上对学习各种知识技能的热情与信心。

想让孩子书写工整，
自发、愉快地练字

创造一个好的环境，赋予孩子一个"神圣"的使命

初中时，老师为了鼓励我，让我当语文课代表，但语文老师一直对我的字不满意。记得有一次老师在班里这样展示我的字："你们看啊，这就是我的课代表的字，上顶天，下顶地，中间没空隙！杨杰啊，你还是课代表呢，就不能抽空把你的字好好练一练呀？"

同学们哄堂大笑。我心说："不愧是语文老师，批评人都这么押韵！字大又不是错，能看懂就得了，让我抽空玩一会儿还差不多，哪有工夫练字呢？"结果，老师这次用心良苦的批评教育成了对牛弹琴，我的字依然"顶

天立地"。这位语文老师拿我没办法，后来我被另外一位语文老师给"算计"了——这个人就是我的二舅。直到几年以后，我才明白他的用心良苦。二舅不但语文课讲得好，而且写得一手好毛笔字。那时候过年家家户户都写对联，所以二舅的毛笔字就派上了用场。我每年都去他家过年，经常当他的"书童"。二舅有一本关于对联的书，厚厚的，大概有四五百页，他经常从上面选对联。有一次他对我说："这本书是隔壁王老师的，你帮我把对联抄下来，抄完了我好还给他。"

我就不自量力地接受了任务。我向来很佩服二舅，也羡慕他能写一手好字。这次他居然把这么重要的任务交给我，我觉得非常光荣，暗下决心一定要好好完成。等开始抄写时才发现，四五百页实在太厚了，怎么抄也不见少。我常常抄着抄着就气馁了，但事后想想，又觉得不能放弃，还得继续抄。就这样断断续续抄了一个寒假，才抄了一小半。等快回家的时候，我生怕二舅"检查工作"，但他什么也没说，我还暗自庆幸他老人家的健忘。不过他中间问过几次，他说话向来简洁："你抄得怎么样了？"无论我回答什么，他都不再追问。

寒假之后再返回课堂，语文老师惊喜地发现，我的字不再"顶天立地"，也工整了不少，在课堂上大张旗鼓地夸奖了我一番，弄得我莫名其妙。后来想想，也许是认真抄对联的缘故吧。我怕抄得模糊，二舅不满意，也怕我抄错会导致二舅错上加错，贴到别人的门上闹出笑话。

后来，老师有意识地鼓励我，加上爸爸也总说"字是人的门面"，我也比较注意写字的问题了。如今，我的字不能说有多么好，但至少自己看着顺眼，偶尔还会被人肯定。

抄对联的事情过去了好几年，我无意间在二舅家又发现了那本对联书。

原来，我被二舅"暗算"了，他不过是想让我练练字，所以故意说那本书是邻居的。当时我心里还感慨，真是"道高一尺，魔高一丈"啊！

二舅始终没有规定抄对联具体的数量，也没有提具体的要求，但这个任务本身让我对自己有了要求和期许。语文老师的苦口婆心都没改变我，我却被二舅这个抄对联的任务不知不觉地改变了。

抄对联最明显的效果，就是让我的字变得美观了。同时，对联的文字和修辞，让当时年少的我感到赏心悦目。而且，我自认为参与了一件很重要的事情，感到被接纳、被信任。

我也喜欢复制二舅的方法，创造一个好的环境，赋予孩子一个"神圣"的使命。这样孩子会调动自己的积极性，根本不用别人催促，他自己就能做得很好，还特别有成就感。

这件事给我的深刻体会是：单纯给孩子留作业，作业就是枯燥的单项训练。如果让孩子带着使命感做事，无论是作业还是别的什么任务，他的行动都会是自发的，收获也是全方位的，感受也会是愉快的。

比如，我们全家人要去吃火锅，我带曼曼先去点菜，当时曼曼4岁，刚刚学会了写1、2、3，虽然写得不规整，但她很喜欢写。所以，我便问她："咱俩一起点菜好吗？"她欣然应允。然后，我点菜，她在后面写"1"份或"2"份。她写得虽然笨拙，速度也很慢，但是非常投入，看得出她乐在其中，我就耐心等她写。最后我问她还想吃什么，她说要吃牛肉饼。我便找到这一栏，指着三个字告诉她，这是"牛肉饼"，她在后面写上"1"份。等全家人过来吃饭时，她很自豪地说是她和姑姑一起点的菜。全家人都很惊奇，她表现出一副很能干的样子。后来每次吃火锅，她都要和我一起点菜。

我不喜欢正襟危坐地教孩子学习，在游戏中、生活中，孩子可以不知不觉地学会很多东西，而且他们可以把自己学会的内容运用在生活中。这个过程很自然，也很有趣。

比如，我们在游戏中通过"砍价"的方式，让孩子学会了比较大小。我们玩收费站的游戏，曼曼说要收 5 元，我说太贵了，她说："那 8 元吧！"全家人忍俊不禁。我告诉她，8 比 5 大，让她说一个比 5 小的数字。渐渐地，她便能分开大小和多少，让她便宜点，她会降价，而不再是"坐地起价"了。吃饭时我会让孩子们去拿全家人需要用的筷子，通过这件事，他们学会了数数，而且理解了倍数关系。出去买东西时我也尽量让孩子付钱，结账的过程是加法，找零的过程则是减法，哪怕他们算不准，至少通过这个过程，孩子们大致理解了加法和减法的原理。我曾经给鹏鹏和曼曼写过几个故事，其中，鹏鹏特别喜欢《我不是胆小鬼》这个故事，总是让我反复地给他念。我们偶尔还玩写信的游戏，他们还不会写字，由我来代笔。因为这些内容与他们直接相关，而且又穿插在游戏中，所以他们会格外用心，"一不小心"就认识了很多字。这个过程中孩子们会认识到，文字是有用的，可以用来写故事、写信，文字可以传递我们的心情、愿望和情感。这样，他们便认识到了文字真正的价值，以后进行课堂学习时，也不会觉得这些知识抽象、突兀。

现在很多家长有"学习至上"的倾向，有的家长谆谆教诲孩子："你只需要好好学习，别的什么都不用管。"事实上，在学校学习的内容都是生活中各种现象的总结和升华，这些知识最终会回到生活中为我所用。如果切断了知识与生活的联系，学习就成了空中楼阁。有意义的学习，一定是"从生活中来，到生活中去"。比如，有的人看到电脑对生活的意义，便立志成为

IT 精英，那么他的一切努力和一切梦想，都有一个"中心思想"。如果只是为了考试得高分，未必有这份激情。

对孩子进行学习上的教育时，最核心的就是让孩子懂得学习与人生的关系，意识到学习的价值。

孩子太粗心了！
这都是不应该犯的错误

——

用积极、建设性的态度面对孩子的错误

前几天，一个妈妈在日志中记录了孩子犯的一个错误，她说孩子太粗心了，这是不应该犯的错！

她在日志中把那道应用题写了下来，我大致浏览了一下，觉得没错，又浏览了一遍，还是没有发现错误，于是我再次仔细地读了一遍题目，终于弄明白了。这个题目说的是四个孩子的跳高成绩，问哪个孩子得了冠军。其中最高的两个成绩分别是 1.4 米和 1.38 米，1.38 这个数字，特别容易迷惑人。我想，出题者肯定算到了，很多孩子会选这个。

我对这位妈妈说，我看了两遍都没发现孩子错在哪里，第三遍才找到，她回了个"晕死"。的确，我常常有很多令人"晕死"的时刻。比如，有一次浏览娱乐新闻，说"碧雪罗山"这部电影获奖了，我心里还在想：这名字好奇怪，现在的电影啊，总是制造一些吸引眼球的名字，让人产生好奇心。我看了两段内容，这个名字出现了好几次，我再定睛一看，终于明白了，原来是《碧罗雪山》！

我们约定俗成地认为，错误不但有大小、轻重之分，似乎还有应该和不应该之分。常常听很多人说："我犯了一个低级幼稚的错误，这是不应该犯的错。"

我们对待孩子的错误可没这么淡定。如果家长认定孩子犯了不应该犯的错，往往会有这么一连串的心理活动："这么简单的错误，你犯了几次了？怎么这么笨呢！就是没记性，说过你多少次了，还是屡教不改。要我看，就是不用心！对了，前天那个题目，也是粗心，还有上次考试，连老师都说你了，你要是用心，考90分没问题，你说你怎么就这么不争气呢！这回我非得给你点儿颜色看看，让你长长记性……"

很显然，家长几乎是怒不可遏了，狂风暴雨在所难免。我们回头看，家长的暴怒有助于孩子改正错误吗？很显然，这让孩子要分散更多的精力来留心家长的动向，处理自己的情绪，因此他用在作业上的心思更少了，犯错的概率反倒会增加。所谓的低级错误，没有越消灭越少，反而越消灭越多。家长发火的概率也会随之增加，于是走进了一个恶性循环。

我不反对把错误分成应该犯的和不应该犯的，但我反对模糊、随意地判定二者之间的界限。

仔细想想，"应该"与"不应该"之间，其实没有一个客观的标准。不信的话，你找出一张白纸，中间画一条竖线，然后左边写孩子应该犯的错，右边写不应该犯的错。如果我没猜错，写着写着你就会写不下去了。我自己试过，就是这样。

我们总是太容易原谅自己，又太苛求孩子。我也和孩子犯了同样的错，以我的年龄和学历来衡量，我更不应该犯错。但家长没有指责我，我也轻易地原谅了自己。为什么放到孩子身上，错误就这么不可原谅呢？我们不但随意划定二者的界限，还执行双重标准。想到这里，我都替孩子委屈。

我们有没有想过，我们为什么那么害怕犯错？为什么如此迷恋"正确"？这是因为我们的内心有一个潜在的观念：正确是"好"的，错误是"坏"的。事实上，正确和错误本来都是用来陈述客观事实的中性词，只是我们人为地给这两个词涂抹上了感情色彩，正确就高兴、愉悦，错误就害怕、愤怒。于是就总想靠近正确，排斥错误。永远正确是神的标准，而神只存在于人类的理想中。不允许孩子犯错简直是不人道的行为。我们在教育中，常常有完美主义的倾向，总想越过错误，越过各种波折，直达终点。这个美好愿望使错误和不完善没了存在空间，是强人所难。

孩子的成长和学习就是一个不断犯错的过程。孩子在学校读书，每天都会有错误。错误并不是洪水猛兽，如果客观地对待它，它就只是正确的先头部队。我们成年人每天也都会犯错，因此我们不妨向错误敞开大门。如果认真改正犯过错误的地方，它就能成为今后的借鉴，从这个角度来说，错误能帮我们夯实基础。如果不抗拒，会发现每个错误背后都隐藏着一个珍贵的礼物。我们不妨换个视角看待错误：现在犯错总比中高考犯错代价小吧？小时候犯错总比身负重任时犯错容易弥补吧？

犯错误真的不是什么大不了的事情。就算是顶级的人物，也会犯低级的错误。比如在世界杯期间，法国和意大利这两支 2006 年世界杯的冠亚军球队，在小组赛中就被双双淘汰，铩羽而归。按道理说，这是顶级的赛事，他们又是顶级的球队，不该犯这种低级的错误。可他们就是犯了，球迷除了难过，就只剩下等待，等待四年后，王者归来！

不管是应该的，还是不应该的，既然已经犯错了，接下来最重要的任务就是改正错误。再责问只会浪费能量。改错的意义，远远大于追究责任的意义。

每个错误背后，都有一个原因；每个错误的修正，都能带来一个收获。以那道应用题为例，孩子连续错几次就会明白其中的陷阱了。出题者精明着呢！看似简单的题目，却在其中布置了陷阱。如果我们认真对待错误，改正了一个错误，也找到了避免同类错误的方法，就是最理想的结果。

这一节开篇"1.38"那个错误选项，完全可以用一个更幽默的表达方式处理："这个出题的人真狡猾，挖了个坑儿等着你，下次咱们提高警惕，不上他的当，让他失算！"幽默往往是润滑剂，在愉悦、轻松的氛围中更容易改正错误。有错改了便是——我们用态度，而不是用语言告诉孩子这个道理。今后，孩子也能坦然面对自己的错误，并把全部精力用于改错。

你可能会问我，孩子总犯错怎么办？根据我的直观经验，一个低级错误，孩子会 3 次、5 次甚至 8 次地重犯，但是，很少超过 15 次。"学会了"是一个笼统的概念，心理学家本杰明·布鲁姆（Benjamin Bloom）把认知领域的目标分为知识、领会、运用、分析、综合、评价。有时候，孩子的"学会了"可能停留在领会、运用的阶段。对于需要分析、综合运用方法的题目，孩子依然容易犯错，这不是孩子故意为之，而是因为他的熟练程度不够，还处于一个不稳定的阶段，还需要不断练习。

精准回应 | 让孩子养成自主自律的好习惯

孩子频繁犯错还可能有另外一个原因。那就是孩子每次犯错时，家长总是把注意力放在责备孩子，而不是改正错误上。每次犯错，孩子并没有学会正确的处理方法，更不要说从中吸取经验教训、避免再犯了。这样的话，孩子的成长过程就留了一个又一个的漏洞，久而久之，孩子的成长过程千疮百孔。没有一个坚实的基础，孩子在成长过程中会不断遇到困难和阻碍，有些困难并非因为当下不够用心，而是因为过往的错误没有得到很好的改正。因此，我们要用积极的态度面对错误：不扩散、不蔓延，但遇到错误就一定要改正。

另外，不要把孩子的错误和孩子本身画等号。我们常常因为一个错误而否定孩子本身，这样做不但会伤害孩子的自尊，而且会动摇亲子关系的基础。错误一旦出现就是客观事实，狠批孩子并不能避免再次犯错误，接纳错误并帮助孩子改正错误，是唯一恰当的选择。我发现，苛求孩子的父母也容易苛求自己。一旦自己犯了错，这些父母也容易进行自我攻击。事实上，自我责备分散了改错的精力，会增加孩子再次犯错误的概率。我还有一个有趣的发现：越是容易犯错误的父母，越痛恨自己的孩子犯错误。这在心理学上很好解释：父母把自己内心对待错误的感觉投射到了孩子身上。

曾经在心理学书上看到一个简单的练习：拿出一大张纸，列出父母指出过的你的所有错误和缺点。我做了这个练习后忽然发现，小时候父母批评我最多之处也是我现在经常否定自己之处。相反，小时候被肯定、被赞赏之处也是我现在最擅长之处。批评并没有让我变得更好，欣赏却可以。做了这个练习，我内心非常感慨。忽然想起我的小侄子鹏鹏，他刚上一年级，遇到他没学会的地方，妈妈会生气、批评他。有一天，他对妈妈说："妈妈，我不会的时候，请你用善良的方法教我！"

我更愿意把鹏鹏所说的"善良的方法"理解为不伤及自尊的方法。当孩子犯错时，我们不翻旧账，不带负面情绪，不用语言攻击孩子，而要把精力放在改错上。这是孩子最喜欢的方式，也是改错效率最高的方式。

　　没有人可以从来不犯错。通常，做得越多，错得越多。最安全的保证不出错的方式是不做。如果每次犯错都被严厉地批评，孩子就会放弃主动学习、主动尝试的机会，这也是很多孩子不主动的原因。

　　在咨询中，我也常会面对家长反复犯错的情况。我发现，不管对待孩子，还是对待大人，犯错了，改过来便好。慢慢地，这个错误就不再出现。不纠缠于犯错频率，是最轻松的改错方式。我们不妨用建设性的态度面对孩子的错误，看重孩子在错误中获得的成长。

快考试了，
如何培养孩子的复习能力

——

教孩子基本的复习方法，让孩子知道怎样复习更有效

表弟读高三时，给我打电话聊他学习的事情。说到复习，他举了一个小例子：生物选择题，他做得非常快，10 分钟就做完，但是总会错一两道。这一两道题的答案解析，他要花 30 分钟来看。错题让他很沮丧，他觉得已经很努力地复习了，按道理不该出错，并把原因归结为自己复习得不够好。

我问他对了几道题，他说十几道。我就问他："10 分钟就做完，错了一两道，你还觉得沮丧，是不是你心里期望一道题不错呢？是不是觉得全做对才安心呢？"表弟说："是。"我反问他："假设你已经复习得非常充分

了，你敢保证一道题都不错吗？"表弟说："不敢。"我又问他："你听说有几个人高考生物是得满分的呢？"表弟说："很少。"

我继续说："你给自己定了一个没法达到的目标，不沮丧才怪呢！别忘了，你不是机器人！如果第一轮复习你就全都对了，那第二轮复习还能做什么呢？你复习的目标不是做到全对，而是尽量提高命中率！"

电话那边，表弟似乎一副恍然大悟的样子，语气也兴奋起来："哦，对呀，我不是机器人！有错误是正常的，全对才不正常，我的任务是提高命中率。哎呀，你这么一说，我心里就轻松了，要不每次一有错题，我就很烦。我终于明白这件事儿了……"

在我们聊天的过程中，这几句话表弟重复了四五遍，生怕忘了一句。后来，表弟问我："你说我花 30 分钟看那一两道题的答案解析，合适吗？"我继续反问："就算你看明白了，花费这 30 分钟你觉得划算吗？"表弟觉得不划算，每次 30 分钟，加在一起就是非常可观的一个数字，于是我们讨论怎样复习才能更有效。最后讨论的结果是——不会做的那一两道题，可能是比较难的。不妨先简单看一下，如果完全没有头绪，先放过，但要把这道题标记出来。做题的同时，自己再有针对性地复习课本，复习完一遍，再看看这些错题。过滤出去能做出来的部分，继续做题、巩固、复习课本，然后，再回头看这些题目。这样一轮轮地过滤，基础就扎实了，很多难题也会迎刃而解。

表弟一听，觉得这是个高效的办法，他再也不用和那些难题耗到底了，决定试试。这个交流让我很感慨。在大人看来这是显而易见的道理，但很多学生都会走入这个误区——做题想全对，复习想一步到位。我当年读书时也是这样。为什么一个十几岁的孩子会被这样一个浅显的道理绊倒呢？

我们只是关心孩子的学习成绩和学习态度，却很少关心孩子的学习方法和复习能力。恰好之前也有一位家长因为复习的事情对孩子发火。考试之前妈妈让孩子去复习，结果孩子胡乱翻了翻书就宣告任务完成。妈妈觉得孩子应付了事，就对孩子发了脾气，让孩子重新复习。孩子坐在书桌前一脸茫然，妈妈觉得孩子是故意对抗，便怒不可遏。听了妈妈的描述，我问妈妈："你的孩子会复习吗？"她很诧异地反问我："都读五年级了，能不会复习吗？"

接下来我又问这位妈妈："你小的时候是怎样复习的呢？"这位妈妈说，她小的时候从来不让父母操心，每天都能把作业完成得很好，老师让复习，她回家就认认真真地复习。这样的话我听过许多遍。很多妈妈小时候是乖孩子，认真对待父母或老师的要求，如果她们以自己为参照比对孩子的行为，就会对孩子相当不满。而且她们怎么都想不明白：作业那么简单，复习那么简单，你怎么就不做呢？我与这位妈妈分析孩子复习能力的来源。作为比较听话的孩子，从一年级开始，老师让复习，孩子就会认真地复习。通常在低年级时，老师对复习的要求说得比较具体，只要按照老师的要求去做，渐渐地，孩子就有了自己的复习方法和套路。到了高年级，老师通常在布置任务时只是笼统地说一句"复习"，但是这时孩子已经养成了复习的习惯，因此会感觉复习很简单。

而有的孩子未必这样认真，老师的要求到他们那里经常会打折扣。尤其是读课文和复习最容易应付，因为这样的作业没有书面的证据，老师也没法检查。我小时候也是这样，如果老师说"今天的作业是复习"，我立刻心花怒放，因为在我看来，这相当于没留作业。如果孩子从小就不重视老师的复习作业，就算到了高年级，依然不会懂基本的复习方法。

对于不懂如何复习的孩子，我们硬逼着他坐在书桌前也无济于事。遇到这种情况，我们需要简单辅导一下，让孩子知道该怎样正确复习。

我问一些擅长复习的妈妈们怎样辅导孩子复习，多数妈妈表示，她们只是直接告诉孩子怎样做。但想做到高效复习，并不像我们想象得那样简单。就我的观察，许多认真复习的人效率并不高，想靠拼时间提高成绩往往没有多大效果。善于复习的人要像个将军一样安排一切，在最短的时间内取得最佳效果，因此，统筹方法很重要。我不赞成父母直接帮孩子安排，那样，孩子能很好地完成今天的复习，但永远培养不出独立的统筹能力。

面对一个复习任务，我们首先要弄清几个基本条件：复习多长时间？复习哪些内容？复习重点是什么？难点是什么？薄弱点是什么？复习到什么程度？用怎样的方法？

很显然，这是一个分解目标的过程。不但要懂得选择，还要学会放弃。要教孩子在此基础上列出一个复习方案，然后按部就班地执行，而不是像无头苍蝇一样到处乱撞。

不妨先让孩子自己列出复习方案，我们在此基础上提出一些建议。考试之后，我们再回头印证这个方案，看复习得是否精准、是否合理，有没有做无用功、有没有遗漏的地方，还可以做出哪些改善。这样孩子复习的效率会不断提高，也就不再排斥复习了。只有掌握了方法，才能真正从"被教"变为"主动学"。孩子仅仅爱学习还不够，还要会学习，这样，学习就不再是辛苦事，而是愉快的过程。比如，一个五年级的孩子需要在一个半小时内复习一个单元的内容，在父母和孩子的共同努力下，列出如下复习方案：第一步，先把不会的字和重点的词标出来。不会的字写 3 遍，其余的字词快速地看一遍。重点的词口头造一个句子。第二步，读一遍课文。第三步，把这个单元的作业和练习册中做错的地方看一遍。

考试之后总结发现，字词的复习效率总体很高，但漏掉了词语的解释，导致丢分。读课文的效果不明显，但重新复习出错的地方则非常有用，避免

精准回应 | 让孩子养成自主自律的好习惯

了很多错误。这样总结之后，改进策略也就出来了。当然，在此基础上，还可以考虑多套方案，每次选一种，互相比较，最终选出最高效的方案。经过一轮又一轮的改进，孩子不但变得善于复习，也会乐于复习。等孩子学会复习，父母就可以及时放手。

指导孩子复习有两个误区：一是以为越多越好，只注重时间，不讲效率。养成这样的复习习惯，孩子到了高年级会非常吃力。二是以为孩子复习时的状态看起来越紧张越好。通常，父母看到孩子为考试着急就会很欣慰。其实这是非常大的误解。通常，焦虑水平和学习效率之间是倒"U"字曲线的关系。不焦虑和过度焦虑的状态都不利于学习效率的提高。孩子的紧张一旦能从神态中识别出来，实际上就已经到了慌张的程度。不要为了我们自己安心而人为地提高孩子的焦虑水平。

为什么许多孩子都像我表弟一样，对了十几道题没什么感觉，错了一两道题目却郁闷难过？这固然与目标设定太高有关，但也与我们总盯着孩子的错误有关。

我见过很多家长在辅导孩子功课时，常常有这样的指责："哎呀，这道题错了，告诉你多少遍了？怎么老是粗心呢？你就不能长点记性？"其实孩子做了20道题，只错了1道题。你看，我们对那19道正确的题目视若无睹，偏偏盯着一道错题不放，只顾着批评指责孩子。那19道题目的正确仿佛天经地义，而孩子的努力全部被否定了。慢慢地，孩子也学会用这种眼光看待自己，总盯着自己的错误，否定自己的努力，忘记了正确的大多数。本来做得很好，却一直生活在沮丧之中，这会导致孩子出现自我否定和自我攻击的倾向。

只有保持从容与平静，才能找出最佳的复习策略，并且复习得踏实、到位。过度焦虑会影响考试的发挥。因此，不要把孩子紧张与否当作衡量学习态度的标准，关键要看孩子做了什么，效果怎样。

放手，让孩子养成独立做作业、安排生活的习惯

——

放手是个技术活儿

有一位身在美国的网友曾数次与我互动，最近她给我发了邮件，谈她培养孩子独立做作业、安排生活的方法。我看了之后非常有共鸣，征得她的同意，在此与大家分享。

杨老师，关于作业，我完全同意你的看法。孩子的作业应该让孩子自己独立完成，自己安排。可是在孩子还没有独立之前，我们还是要培养和引导孩子独立，我也分享一下我的经验和看法。

我的孩子 6 岁,在美国上一年级。虽然她的作业不多,但傍晚的作息时间依旧很紧张。我的孩子很爱读课外书、儿童小说,每天无论多晚,至少也要见缝插针地读 1 个小时。我们很高兴,也尽量保证她的阅读时间。她每天的固定作业是弹半小时的钢琴,学校规定的作业是每天至少读 15 分钟的课外书。除此之外,常常也会有些需要动脑、动手的作业。

在美国,孩子们 5 岁上学前班,这是大部分孩子第一次接触课堂学习,所以大多数学前班是没有作业的。上学前班的目的是让孩子爱学校、爱课堂。一年级就有了正规学习,也有了作业。

作为父母,随着孩子的成长,我们也在不断学习怎样培养孩子独立做作业。刚开始时我们经历了一些磨合和对抗,也希望孩子像我们自己在中国接受的教育一样,一定要先做完作业再玩。在美国,孩子更有主见,所以我们赶紧想办法改变,开始摸索如何适应新环境。

有一天,我女儿对我说:"妈妈,你可不可以把每天早上上学前我要做的事情写下来,把我每天傍晚要做的事也写下来,这样我就知道我每天要做什么了。"我一听,很高兴,她有自己的主意,而且这个主意不错。后来她告诉我,她在电视上看到很多家长是这样做的,要么写在一个笔记本上,要么写在一个白色的板子上,还告诉我要等她睡觉后才可以写。我按照她的要求坚持了两个月,也尽量管住自己不去催促她,效果果然不错。有时,她对我写的有些地方和安排不满意,就自己改成看电视、玩或者读书,这是她在给我提意见,我也就及时采纳和改变。我常常写道:"做完以上事情,请赶紧看第九频道的《好奇的乔治》……"周末,我就干脆写:"安吉丽娜正在第五十四频道等着我。"

周末全是娱乐,没有任何作业。我常常同等对待她喜欢做的事情和她需要做的事情。我从来都认为自由时间、玩耍时间、读书时间、学习时间是同等重要的。慢慢地,她熟悉了自己的作息规律和适合自己的做事时间表,就不需要催促,也不需要我写了。相反,她常常抱怨读课外书的时间不够,做作业的时间不够。为此我也调整自己上班的时间,每天提前1小时上班,或提前1小时去接她,这样她就多了1小时的自由时间。她的作业我们也从来不提意见,是她自己主动做的,也就不必找她的麻烦了。当然,偶尔我会提醒一下,但也只是说:"明天有什么作业要交吗?有书要还吗?"她要写作业时我也会问一下需不需要帮忙。她的很多作业是需要和家长一起完成的。

有时候她也贪玩,这是孩子的本性,也是成年人的本性,可时间又不多,我就问她:"吃完饭后,先玩多久再弹琴呢?"她自己会说一个时间,比如20分钟,我从来都会答应她。我一般会定个闹钟,让她自我监督。有时候,她看电视或者读书兴趣正浓,我就给她加10分钟,或者说:"看完这一章再去弹琴。"有时候孩子弹了一半就不专心了。我就干脆在她不专心的时候说:"你吃一点儿零食或者水果,也许会弹得更好。"这正中她下怀,过两分钟,她也就专心多了。也许很难相信,但事实上她常常干脆地说要先弹完琴再玩。我知道她是为了有更多的时间去读书,这也说明她会自己安排,只是还没有完全独立。她读书的时候,我们也尽量不打扰她,有时候她弟弟去打扰她,我们就想办法把弟弟引开。

孩子的大脑需要放松和休息,所以我尽量满足她放松娱乐的需求。我更多地会让她自主选择是练琴看书还是娱乐。让她自己做,不提供意见,不干涉,除非她要求我们帮忙。这样,慢慢地她就越来越独立了。

经过一段时间的磨合和学习,我们之间的冲突少多了,我自己也冷静多了。我也常常读一些控制情绪和与孩子交流方面的书,不停地摸索。我自己的办法是：遇到问题，就找一些书来读，改变自己，改变策略，随机应变，争取随时和她分享快乐，这才是教育的目的。

这位妈妈完整地描述了一个放手的过程，从表面上看这个过程似乎平淡无奇，不过，有一些细节非常值得注意。要对亲子关系保持敏感并及时做出调整，比如，与孩子相处进入不顺畅的状态，就是一个非常值得注意的信号。这往往是在提醒我们，眼下的方法是无效的，或者是有副作用的，需要我们做出调整。与调整自我相比，很多家长更愿意"调整"孩子，通过对孩子施加压力，改善眼前的问题，缓解自己的焦虑。这样的方法虽然在当时能看到一些改变，但其实是饮鸩止渴，会积累更大的问题。一个无效的方法即使被频繁地重复，也不可能变得有效。因此，我们不要固执于自己的思路，一旦有问题就要及时做出调整。改变自己才是最合理的道路。

要重视孩子的智慧，保持与孩子的协商。每天把要做的事情写下来，这个方法看似简单但非常有效。让人想不到的是，孩子能从电视上学习知识并主动运用于自己的生活。我们千万不要小瞧孩子的智慧，有时候他们更知道自己喜欢和适合的方法。我们要求和规定的，孩子未必听从；但孩子自己承诺的，他们往往愿意积极、主动地兑现。任何人都不喜欢被控制，只要在合理的范围内，我们不妨把决定权给孩子，做"听话"的父母，孩子愉快，大人轻松。

要理解孩子的状态和处境。佛家讲"活在当下"，其实很多时候，小孩子非常接近这个状态。他们不太考虑过去或未来，常常忽略了三天之后的听写，或者一个星期后的考试。他们不是故意这样，是真的没想那么多。也许在他们看来，只有大人才"瞻前顾后"呢！独立安排自己的生活，是孩子成长过程中的任务之一，这项能力需要有意识地培养。

同等对待孩子喜欢做的事情和需要做的事情，是我非常赞同的一个观点。二者平分秋色，维持了孩子心中一个健康的平衡。许多家长容易走入一个误区：过度重视孩子需要做的事情，比如学习、作业等，忽略孩子喜欢的事情，比如游戏、电视、漫画等。我们不妨设想一下，如果孩子的生活被"需要做的事情"填满，孩子就陷入了不得不做的状态，失去了精神上的自由。这样，孩子对未来不再是有所期待，而是充满了厌倦和烦躁，这是非常可怕的。当孩子不主动、对什么都提不起兴趣时，家长可能只有通过不断施加压力才能让孩子稍微有所改变，这是对孩子的摧残。

要守住底线，注意提醒的尺度。虽然这位妈妈一笔带过了对孩子的提醒，但其实这是一个非常关键的地方，也是失败率最高的地方。与提醒相比，不提醒更难做到。许多家长看到孩子有做得不妥的地方就急切地介入、过度地干涉，这往往又让孩子回到了原来的状态。所以我们必须保持克制，包容孩子的坏脾气以及我们所认为的坏习惯，给孩子一个空间，让孩子消化自己的情绪，修正自己的行为，这样才能真正实现慢慢放手。从前文中那位妈妈的描述来看，孩子的问题并不严重，即使这样，这位妈妈也经历了几个月的时间，才慢慢等来了孩子的改变。

所谓的"放手"，就是由"他控"状态逐渐向"自控"状态过渡。许多教育类的书籍都在强调学会放手，谁不想放手呢，问题是，一放手就失控怎么办？这也确实是很多家长的烦恼。因为以前管得太多，孩子实际上处于"他控"状态，如果放手幅度过大，"他控"力量消失，"自控"的力量又没有培养起来，孩子不可避免会进入失控状态。

当我们考虑放手时，或者因为想培养孩子的独立性，或者是因为现在的

精准回应 | 让孩子养成自主自律的好习惯

方法受到了挑战。不管怎样，孩子的反抗未必是坏事，这也是孩子释放的求救信号：爸爸妈妈，我不喜欢你们现在的方法，请为我做出改变！

当我们做出决定准备放手时，真正的挑战开始了。很显然，放手不等于撒手不管。我们心中必须储备一个关于"如何放手"的具体方案，这个方案至少应该包括：我们要达到怎样的目标？需要分为几个步骤？可能遇到怎样的突发情况？我们要怎样自律？需要多长时间才能真正放手？也许你会觉得这个过于兴师动众，仿佛是在制定一个公司的发展战略。事实上，为了成功地放手，进行这样一个思考的过程非常有必要，也许在实施的过程中并没有出现太多的挑战，但是我们不能放弃未雨绸缪。

在众多的咨询案例中，如何放手是一个重要的话题。通常，我先让家长说出自己心中的方案，然后在这个基础上进行讨论。这个讨论至少要连续进行两三次，并把各种细节都考虑进去。比如，我会沿着家长的思路问："这样做，会出现某某情况吗？如果出现，你怎样应对？"如果家长完全不知道怎样应对，我们就要修改方案。如果可以应对，也要商量好一个基本对策。经过反复斟酌后形成最终的方案。当然，最终的方案看上去非常简单。很难想象一个如此简单的方案居然讨论了那么久。其实，方案不需要多么花哨，关键在于简洁、清晰、可执行，而且要最适合这个家庭。这也是真正的个性化方案。只有经历了打磨的过程，才能增加成功的概率。我总是对家长说："我们要尽最大的可能，保证这个方案滴水不漏。"

而且，这个方案必须照顾到双方的利益和感受，这也是成败的关键因素之一。从感觉上来说，如果孩子觉得执行这个方案比以前还痛苦，放手的计划就很难成功。或者，如果家长在执行的过程中总是产生忍无可忍的情绪，这个方案就很可能会被失控的情绪否定。所以，制定方案的时候我非常关心双方在这个过程中获得了什么。比如，孩子获得了更多的自由，也为自己的行为承担了更多的责任；父母更自律，减少了唠叨，也看到了孩子的进步。这样做可以使得双方渐渐向良性方向发展：孩子的主动性在增强，父母的管束也在减弱。这样小步子前进，慢慢地，孩子的信心就建立起来，也只有这样，孩子才不容易走进情绪的死胡同。如果这个方案只是照顾了某一方的利益和感受而伤害了另一方，就很难执行下去，因此放手计划必须营造双赢的局面。

有的家长曾经多次尝试放手，但都以失败告终，不得不重回严加管束的老路。主要原因便是对这个过程的估计不充分，没有做好应对的准备。比如，最近收到的一封读者来信中说，妈妈放手让孩子自己写作业，孩子的行为则完全失控。孩子一会儿喝水一会儿上厕所，作业并不多，但孩子 4 小时只做了一半。这个结果让妈妈极度挫败，控制不住自己的情绪，打了孩子一顿。等孩子睡着了，看着孩子身上紫色的印记，妈妈又是内疚又是心疼，边看边哭。

很显然，这位妈妈没有根据孩子的情况制定个性化的方案，盲目放手从而导致局面失控。在自控能力不强的情况下，如果完全让孩子自己安排自己写作业，就会出现妈妈描述的状况。其实这样做也并非不可以，但前提是妈妈能控制住自己的情绪。然后在此基础上和孩子坐下来谈谈："今天为什么效率低下，明天应该做出哪些改进？出现磨蹭的情况怎么办？"双方约好妈妈过多久提醒一次，怎样提醒。如果明天效率依然低下，又该怎么办，等等。这样的约定会逐渐规范双方的行为，也能让人慢慢看到孩子的进步。如果有足够的耐力，这样完全放手效果是最好的。

如果妈妈控制不住自己的情绪，驾驭不了失控的局面，不妨选择一个更稳妥的策略，不要把主动权完全交给孩子，而应考虑一点点放手。比如，不妨和孩子约好，把写作业时间和休息时间分开：作业由孩子自己安排，做30分钟休息10分钟，只能在休息时间喝水、上厕所；妈妈不再陪在旁边，也不催促，但会监督孩子的时间安排。如果摆弄玩具，妈妈会收走。这样一来，妈妈后退了一步，孩子的自由程度增加了一些，但同时，因为有妈妈的监督，所以不会出现失控的局面。等孩子的行为稳定一些，妈妈的监督也会慢慢减少，直到完全不管。

一个完美的方案并不一定能带来完美的结局。孩子毕竟已经习惯了以前的行为模式，改变并不容易，所以我们要对孩子进行细致的观察，哪怕只是看到微小的进步，也要及时回应孩子。在放手的过程中，执行规则并不难，真正有难度的是积极回应孩子。

我发现，很多家长在放手的过程中像是在催债，认为做好了是应该的，做不好是不对的，便开始批评孩子。这样的态度与改变的难度一起，把孩子仅有的热情浇灭了。我们不妨改变视角：做不好可以理解，做好了就热情洋溢地肯定。这样才能调动孩子内心的积极力量，保证放手计划的完成。而这种积极的肯定，其实也是积极的监督，当孩子发现自己做得好的地方父母都能看到时，孩子在战胜自我的过程中就会知道自己并不孤单，他可以感觉到父母与自己同在。父母信任的目光，对孩子而言是巨大的鼓励。

放手的道理很容易懂，过程也很清晰，但许多父母都输在了耐心上。正如上文中的妈妈所说，孩子累的时候也会有坏脾气，会敷衍了事。如果这种情况反复出现，对父母则是一个很大的挑战。我们不妨为自己设定一条警戒线，只管超过这条线的事情，不因琐碎的事情而偏离主题。

除了耐心，还有一个困难来自于懈怠。当放手进入执行阶段，过了最初的新鲜劲儿时，亲子双方的热情会同时下降，习惯将再次显现强大的力量，从前熟悉的状态又在向我们招手，双方共同进入瓶颈期，懈怠成了主旋律。这时候双方彼此都容易产生失望、不满的情绪，并开始指责对方。如果意志不够坚定，放手的计划就会在这里搁浅。如果不想半途而废，唯一的办法就是坚持，并始终如一地执行约定。一旦度过这个阶段，孩子的行为就会稳定下来。当我们感到极度挫败的时候，往往离成功只有一步之遥，因此，坚持很重要。

另外，有的家长没有仔细考虑过放手需要的时间，三五天不见明显改观便开始急躁，对孩子发火，结果半途而废。其实许多父母的策略是对的，但不管谁来执行这个计划，都不会立竿见影。因此，我们要对这个过程有心理准备，不要急于求成。当然，获得家人的理解和支持也很重要。

当孩子离开我们的监督和提醒，也可以很好地做出安排时，我们的放手计划便接近尾声。这时规则已经内化为孩子的行动准则，不需要父母每天强调了。最后，家长要特别警惕的是：放手的成果来之不易，破坏起来却非常轻松。我们要克制过度干涉的冲动，避免反弹回以前的状态。